小羊チャイルドセンター　礼拝室（撮影：畑 亮）
壁は色漆喰仕上げ、天井棰木は竹、葭張りの仕上げが美しい。
P 226－227 ページに図面

松隠亭。和室８畳。炉があり、茶室としても利用。壁は京錆土の土壁、床の間（本床）の壁には長苆を入れる。床柱は桐、床框はイチイ材、落掛けは赤杉、欄間はイチイの無垢の一枚板（以下、筆者撮影）

松隠亭。和室から入側を望む。障子は雪見障子。欄間の障子は片引き、引分け吹寄せ障子。横の組子は２本の細い曲がり組子で部屋の雰囲気を和らげる

松隠亭。和室７畳。茶室としても利用。上げ台目の炉を切っている。大津磨きの床の間（龕破床）。壁面には弁柄を入れ、床面には油煙の煤を入れた大津磨き。障子の組子は竪が細い杉、横が真竹。天井は舟底天井で垂木は芽付竹、小舞は女竹、磨葭の化粧天井

松隠亭。洋室は茶会の時には立礼席となる。隣室の和室は７畳。隣に水屋がある。洋室と和室は襖で仕切られている。欄間は葭張りの丸窓。障子はすべて壁内に引き込まれる

松隠亭。和室8畳の間仕切り。廊下（入側）側は雪見障子。隣室6畳の仕切は襖。壁の上部は蟻壁。蟻壁長押は北山杉磨丸太。天井は竿縁天井、杉中杢無垢板羽重ね張り

松隠亭。洋室に障子と襖を見る。壁は白の大津磨きと赤の大津磨き。2重天井の仕上げは上部・下部とも色漆喰。床材は山桜の無垢板

松隠亭。取次正面の壁床は浅黄土の大津磨き。右の床の間と左の飾り棚に左官職人の技が映える。天井は舟底天井の赤杉無垢板敷目張り

松隠亭。乳白色の大壁と鉄骨の柱は現代大津磨き。欄間は京壁をくり抜いた葭張りの丸窓。4枚の引き違いの襖は京唐紙刷りにうっすらと白い蝶が舞う。塗り壁の洋室の雰囲気を和らげる

松隠亭。和室6畳。浅黄大津壁の床の間（洞床）、左脇に下地窓。天井は春日杉の笹杢敷目張り、3枚の腰高障子（腰板は天井板と同じ春日杉の笹杢板）は壁内にすべて引き込まれる

松隠亭。4.5畳の取次の色紙窓。柱は档丸太（ヒバ、アスナロともいう）。階段手前の柱は香節。階段ホール壁は黄大津壁（稲荷山土）仕上げ

松隠亭。3畳台目の茶室。中柱の歪柱（ゆがみばしら）は良母（サルスベリ）。床柱は赤松天然皮付き丸太。点前座に色紙窓が見える

松隠亭。3畳台目の茶室。掛障子と片引き障子は待庵の写し。化粧屋根裏天井に突き出し窓が見える。右下はにじり口

松隠亭。バルコニーの出口のアルミサッシはすべて壁内に引き込まれる。床はカツラ材の無垢板

松隠亭。乳白色の壁は現代大津磨き、上部の天井は砂漆喰、軍手で塗り模様を作る。下部の天井はサワラ材の柾目板。５個の窓には障子と板戸が引き込まれている

逝きし和の住まい

―これからの住まいと住まい方―

平野 十三春
HIRANO Tomiharu

文芸社

はじめに

西洋文明を追って一五〇年。アメリカ文化にかぶれて七十余年。その間、日本の文化、特に日本らしさ、日本的なるものが近代化グローバル化のもとに後ろに追いやられてきました。「逝きし日々」をただ偲ぶのではなく、私たちが誇りに思う多くの日本の文化を再認識してこれからの住まいに生かす時が来ています。

日本の住宅は大きく変わろうとしています。それは戦後から核家族を中心とした一家族一住宅の一世代限りの家が多く建てられてきましたが、核家族の崩壊が進んでいくとともに、最近では三世代が一緒に住む家が望まれる時代になってきています。

また、機能性や効率性ばかりを重視したゆとりのない西洋風の住まいで、玄関も狭く、床の間や縁側は無用のものと考えられていましたが、最近では、やはり、そうしたものが大切だと思う人が多くなってきました。画一的なｎＬＤＫ型のダイニングキッチン全盛時代も過ぎ去った感があります。

何よりも、日本では木造住宅の寿命が極端に短く、築後二〇～二五年程度で市場価格がゼロとなる取り扱いが一般的になっているのが大問題なのです。実際、現在の日本では住宅の存続期間は平均でわずか二七年といわれています。

住まいが二七年で取り壊されるということは、世代サイクルごとに住宅はつくり替えられているわけで、世代間のつながりが薄くなり、そして地域社会の人々と共に生きてきたという記憶の場所が消滅するということになります。タテとヨコのつながりを失った社会は、住宅と地域と環境のつながりとその継続性が破壊されてしまうということです。

当然、このような住宅は自然との関係や地域とのコミュニティにも薄く、たとえ持ち家であっても仮住まい的な住み方で愛着を持つことはなく、住宅の手入れもおろそかにし、まして他人を家に招待することなどとても考えられない閉鎖的な住まいになります。

これからの住宅はマンションや建売の住宅供給業者による「出来合い」の住宅や、住宅展示場やテレビのコマーシャルで選ぶ住宅でなく、自らの思考でつくる何世代にも受け継がれていく一〇〇年住宅です。

日本では長寿化が進んでいます。人生八〇年からさらに伸びて人生一〇〇年を迎えようとしています。長寿化とは、健康で若々しく生きる健康年齢が長くなることであり、働く期間が二〇年以上も長くなる社会のことです。そして一人ひとりが孤独に生きることでなく多世代が協力し合い、お互いを信頼して生きていく時代です。

社会の激しい変動により働き方も大きく変わります。テレワークにより自宅で仕事をする人も増えてきます。そして住まいのつくりや住み方が変わります。

次に来る時代は、多世代や拡大世帯が共に住み、自然のなかに癒され、自然と共に生きる落ち着いた誰もが平等で平和な時代であろうと思います。

これからの日本の住まいのつくり方や住み方は、日本の文化を大切にした日本らしさ、日本的なるものを根本にした「和の住まい」を再認識することから始まります。

目次

はじめに …… 3
コラム ―私が読んできた本― …… 13
第1章 これからの住まいと今までの住まい …… 29
働き方の変化により住宅が変わる 31
長寿化により社会が革命的に変わる 36
三世代の住まいと地域とのコミュニケーション 48
子どもは社会の子 52
これからの住まいを考える 58
マンションでの住まい 66
敗戦直後の住宅事情と「nLDK」型の住宅 74
なぜ日本の住宅の寿命は短いのでしょう 83
第2章 日本的なもの・日本らしさ「和の住まい」…… 97
西洋と日本の住宅のつくり方の違い 99

住まいのプライバシー 104
美しい自然との共存 108
健康的な住まいの環境 117
床の間と玄関の存在 121
衣食住は自分のスタイルで 131
文化人の和に対する思い 138
伝統的な「和」の文化が失われていく 142
生活文化の見直しで快適な住まいを 150

第3章 木造住宅のつくり方

木造住宅のつくり方……159
木造住宅の構法 161
伝統構法の復活が住まいを蘇らせる 164
在来軸組構法はどんどん進化を続けている 173
軸組構法のほかに壁式構法があります 180
木造住宅の耐用年数と長寿化 182

第4章　木と竹の魅力……191
変幻自在な木の魅力　193
柱は「和の住まい」の主役　201
柱は「間」をつくる　209
北山杉の魅力　212
竹の魅力　217

第5章　日本の屋根と塗り壁の魅力……233
建物を覆う屋根　235
笹の葉さらさら軒端に揺れる　247
日本の風土に根ざした美しいものが消えていく　253
塗り壁は環境にやさしく表情豊か　257
塗り壁の技術は多彩で奥が深い　263

第6章　畳・障子・襖は日本の文化……275
畳は和の象徴　277
畳は部屋の健康度のバロメーター　282
畳は空間を仕切っている　286
四畳半はこころの寄り合う場所　289
障子と襖は高度な文化的装置　297
障子のうつくしさ　300
襖のふくよかさ　306
第7章　数寄屋のこころ……315
数寄屋の魅力　317
数寄屋の原点　320
自然のなかに溶け込む美しさ　323
形式にとらわれない自由なデザイン　327

数寄屋のいのち 329

第8章 茶の湯の起こりと戦国武将 343

足利義政と同仁斎 345
珠光と紹鷗の茶の湯 347
数寄者の条件 351
利休の侘び茶 354
桃山文化の茶の湯 359
御茶湯御政道 362
武士の知らぬは恥ぞ 馬と茶の湯 368
名物「初花肩衝」の旅ものがたり 373

【参考文献一覧】 380

おわりに 389

コラム　―私が読んできた本―

長谷川櫂著『和の思想』中公新書

グローバル化とは直訳すれば地球化だが、地球上の国ごとに異なる生活、文化様式を統一しようとする働きのことである。これだけ聞くと、あらゆる国にとって公平であるかのように思えるかもしれないが、現実問題としてはアメリカ化にほかならない。

現代の日本人はアメリカ風の家に住み、アメリカ風の服を着て、アメリカ風に暮らしている。住まいを見れば、一軒の家やマンションのなかで、畳を敷き障子を立てた和室は一間あるかどうか、あとはみな洋室である。着るものは、ふだんはみな洋服で過ごして、ふつうの人が和服を着るのは正月か、何かの行事の時くらいのものだろう。食べるものはどうかといえば、これは日本人の体質と健康の問題に直結しているので、さすがに洋食ばかりというわけにゆかないが、それでもやはり今の日本人が口にしているものは洋風のものが多い。

こうして戦後の日本人は日本という島国に出現したアメリカで暮らしている。この東洋のアメリカでは戦前、谷崎潤一郎（一八八六〜一九六五、日本の小説家。代表作に『痴人の愛』『春琴抄』『細雪』など）が抱いた西洋への憧憬も古き日本への郷愁もどちらも意味を失い、消滅してしまったかに見える。なぜなら、アメリカで暮らしていれば、そもそも西洋への憧憬などを感じなくていいし、一方、古き日本はあらかた破壊し尽くされて、それを呼び戻すことなど絶望的な夢物語になってしまったからだ。七〇年前、谷崎は西洋式の水洗便器にするか、日本式の厠にするか、まじめに悩んだ。ところが、現代の日本人はもはや日本式の厠という選択肢をはじめから持ち合わせていない。西洋式の水洗便器にするしかないわけだ。ここにはジレンマも悩みも存在しないかのようである。

しかし、日本人がアメリカ人になったわけではない。谷崎の時代と実態は何も変わっていないわけだ。とすれば、谷崎が感じた西洋への憧れと古き日本への郷愁はたしかに表からは姿を消したように見えるかもしれないが、今なお日本人のこころの奥で眠り続けているに違いない。

豪華な雑誌が毎号、特集する和風のものは今となっては古き日本の残骸のようなものだろう。私たちはそれを時おり、そっと取り出しては懐かしく眺めてこころの奥に眠る古き日本への郷愁を慰めるのだ。そして、歌舞伎や日本人形のシンクロナイズド・スイミングのテーマのように、時にはグローバル化の進む世界に対し私たちの存在を示すためにこの残骸を引っ張り出してくることもある。

もし、和というものがそのような残骸でしかないなら、たとえば、洋風のマンションのなかに一部屋だけ取り残された和室や、たまに食べる鮨や天ぷらのようなものでしかないなら、日本人はアメリカ化が猛威を振るう荒波を寄る辺なく漂う哀れな人々であるといわなければならない。

はたして和とはそんなみじめなものだったのだろうか。

ヘンリー・S・ストークス＆加瀬英明著『英国人記者が見た世界に比類なき日本文化』祥伝社新書

世界で他にまったく見られない、日本の素晴らしい長所を挙げれば、なんといっても人々の間の「和」である。この人々の間の「和」は、このひろい世界のなかで日本にしか存在していない。日本人にとっての「和」は、人々がそうしようとして、思い立った結果ではない。日本人の心のなかに、つねにあって、心からごく自然に湧き出るものなのだ。

日本語のなかでもっとも用いられた言葉は、「心」だという。「心尽くし」「心配り」「心がけ」「心意気」などといった、心が上についた言葉が一〇〇以上ある。

世界の諸語のなかで、日本語ほど、心と組み合わせた語彙が多い言語はない、といわれる。何よりも心を大切にするために、日本語の際立った特徴となったのだろう。

エドワード・G・サイデンステッカー教授（一九二一〜二〇〇七、米国の日本学者・翻訳家）に会うと、口癖のように日本の若者たちが日本人らしさを失うようになっているのを嘆いていた。よく日本人の「心」という言葉を使った。

今の日本の若者は、日本語とともに「和」を大切にしなくなりつつあるのだ。

もちろん、サイデンステッカー教授は、日本語をこよなく愛していた。日本語が乱れるようになったのは、この頃の日本人が日本を大切にしなくなったからだろう。

もったいないことに、日本人が代々にわたって受け継いできた、素晴らしい日本の生活文化と精神を、自らの手で傷つけて、損ねるようになっている。

だからこそ、多くの日本人がもっと日本について知って、日本人らしさを取り戻さなければならない。日本人は、日本人だけの宝ではない。

私は日本が紡いできた「和の心」の精神

文化が、人類にとって大きな財産であると、信じている。

日本人は大自然を神々と崇め、大自然と共生する生き方を選んできたとともに、いつの時代にも、職人的な高度な技巧や技術が存在してきた。

日本人の生活が西洋化したといっても、日本人の心の奥底にあるものは変わっていない。

お互いに自制し合い、譲り合うのは、節度の精神から発しているが、これも日本の美意識である。日本文化を世界にひろめるためには、日本国民が日本的なるものを、しっかりと守ってゆかなければならない。

日本がいっそう低俗なアメリカの消費文明の亜流の国になってしまったら、日本が発展することができなくなるだけでなく、世界に貢献しようがなくなってしまうだろう。日本人がいっそう西洋を模倣するようになって、日本の劣化が進むようになっている。

特に若者がアメリカの猿真似をするようになっている。

多くの日本人が本来のよさを失っているのも、コカ・コーラ、屑肉を使ったハンバーグをはじめとするファストフード、ロック音楽、ハリウッドの暴力を強調するエンターテインメント・ドラマなど、低俗なアメリカ文化によるものだ。

山極寿一著『「サル化」する人間社会』集英社インターナショナル

改めて家族というものを定義してみると、それは「食事を共にするものたち」ということができる。どんな動物にとっても、食べることは最重要課題だ。いつどこで何を誰とどのように食べるか、ということは非常に重要な問題である。

人類の場合は、食を分け合う相手は基本的には家族である。何百万年もの間、人類は家族と食を共にしてきた。家族だから食を分かち合うし、分かち合うから家族なのだ。しかし、その習慣は今や崩れかけているといえよう。

ファストフード店やコンビニに行けば、いつでも個人で食事がとれてしまう。家族で食べものを分かち合わなくても、個人の欲望を満たす手段はいくらでもある。家族で共に食卓を囲む必要性は薄れ、個人個人がそれぞれ好きなものを好きな時に食べればいい時代になっている。この状態は、人類がこれほどまで進化したことの負の側面ともいえるだろう。

コミュニケーションとしてあったはずの「共食」の習慣は消え、「個食」にとって代わられつつある。食卓が消えれば、家族は崩壊する。人間性を形づくってきたものは家族なのだから、家族の崩壊は、人間性の喪失だと私は思う。そして家族が崩壊すれば、家族同士が協力し合う共同体も消滅していかざるを得ない。

では、家族が崩壊してしまったら、人間はどう変化していくのだろうか。

そうなれば、人間社会はサル社会にそっくりなかたちに変わっていくだろう。そしてその変化は、もうすでに始まっていると私は感じている。

家族も共同体もなくなってしまったら、人間は帰属意識を失う。人間は、互いに協力する必要性も、共感する必要性すら見いだせなくなるだろう。

個人の利益さえ獲得すればいいなら、何かを誰かと分かち合う必要もない。他人を思いやる必要もない。遠くで誰かが苦しんでいる事実よりも、手近な享楽を選ぶだろう。どこかの国の紛争なんて、他人事。自分に関係ないから共感なんてする必要もない。これはまさにサルの社会にほかならない。

もし本当に人間社会がサル社会のようになってしまったら、どうなるのだろうか。

サル社会は序列で成り立つピラミッド型の社会だ。人を負かし自分は勝とうとする社会、とも言い換えられる。そんな社会では、人間の平等意識は崩壊するだろう。

今、日本ではあえて家族をつくらず個人

の生活を送る人も増えてきた。家族の束縛から離れて、自由で気ままに暮らそうというわけである。しかしここには見落とされているひとつの危険な事実がある。それは「人間がひとりで生きることは、平等に結びつかない」という事実だ。家族を失い、個人になってしまった途端、人間は上下関係をルールとする社会システムのなかに組み込まれやすくなってしまうのである。

アレックス・カー著『犬と鬼』講談社学術文庫

最近日本の個人住宅事情は大きな転換期に入り、組み立て式（プレハブ）住宅が主流になってきた。海外にもプレハブはあるが、フレーム部分の使用が多い。日本の特徴は、屋根から床まで、ドアのノブから下駄箱まで、すべてハウスメーカーで製造されセットで売られることである。プレハブ住宅は新しい個人住宅の大きなシェアを占め、プラス面では従来の家屋より明るく、清潔で便利になり、たしかに一種の進歩である。しかし、マイナス面では街の風景をつまらなくし、無機質が完全勝利を収める。外も内もすべての表面はつるつるとした特殊加工で、こうした混成加工品はビニールか、セメントか、金属かわからないもので、天然ものとは遠くかけ離れた素材だ。工業立国を完成させて行き着く先は、工業モードが支配し、人間が加工品の虜になっている。味気ない素材に囲まれて住まわなければならない。ある意味で、こうしたものに未来的アピールはあるかもしれないが、残念ながら、プレハブ住宅も、部屋を小刻みにし、デザインが雑多で、換気、断熱設備もろくになく、不快さは今も昔もさして変わらない。

プレハブ住宅の一番寂しい点は、一軒ごとに特色のあった家屋がワンパターン化していることだ。近隣は次々プレハブ化され、同じようなモデルの家が立ち並び、見渡す限り同じ混成加工品のねずみ色。ここに悪循環が見られる。ゴミゴミした都市か傷ついた田舎に生まれ、学校では個性を持たず、自己主張しないように教育された人々は、家を選ぶ時にも無機質なプレハブ住宅を購入してしまう。そうした家で育てられた子どもたちが大きくなり、また無機質なホテルやオフィスビルをデザインし、自然環境へのさらなる破壊を平気でやってしまう。この現象はスピードを増しつつスパイラル（らせん状）に下降の一途をたどる。少々の経済の上り下りなど、この下降の歯止めにはならないであろう。

住宅の開発に失敗すれば、それに関連する多くの産業も同じく足を引っぱられる。特に顕著なのが家具、そして室内装飾である。蛍光灯が一般的に使われていて、住宅はもちろん、ホテルのロビーや美術館までがその青みがかったまぶしい光で照明されている。自然木の家具もしだいに見られなくなっている。自生の広葉樹（桜、柿、欅、楓、ブナなど）を伐採し、用材杉の単純林にしてしまったことが、こんなところにも副作用を及ぼしている。

いずれにしても、ほとんどの人はもちろん、金持ちでさえ胸を張って他人を招待できるような家に住んでいない。何しろ、日本ではディナーパーティーといえば外食のことだ。自宅の庭で結婚披露宴を？　とんでもない。とても考えられない。財力や趣味に関係なく、人を招いて催しをしようとすれば、だれもが公共スペース――たとえばレストランやホテルの宴会場を使わざるを得ない。要するに、現代の日本には、友人たちと親しく交流する場としての住宅は存在しなくなってきている。

鈴木宣弘著『食の戦争』文春新書
『農業消滅』平凡社新書
『食料・農業の深層と針路』創森社

輸入農産物が安い、安いといっているうちに、エストロゲンなどの成長ホルモン、ラクトパミン、遺伝子組み換え、グリホサート、イマザリルと、これだけ見てもリスク満載。これを食べ続けると間違いなく病気になって早死にしそうだ。これは安いのではなく、こんな高いものはない。

牛丼、豚丼、チーズが安くなって良かったといっているうちに、気がついたら乳がん、前立せんがんが何倍にも増えて、国産の安全・安心な食料を食べたいと気づいた時には自給率一割になっていたら、もう選ぶことさえできない。今はもう、その瀬戸際まで来ていることを認識しなければいけない。

そして、日本の生産者は、自分たちこそ国民の命を守ってきたし、これからも守るとの自覚と誇りと覚悟をもち、そのことを明確に伝え、消費者との双方向ネットワークを強化して、地域を喰いものにしようとする人を跳ね返し、安くても不安な食料の侵入を排除し、自身の経営と地域の暮らしと国民の命を守らねばならない。それこそが強い農林水産業である。

国民の命を守り、国土を守るには、どんな時にも安全・安心な食料を安定的に国民に供給できること、それを支える自国の農林水産業が持続できることが不可欠であり、まさに、「農は国の本なり」、国家安全保障の要《かなめ》である。そのために、国民全体で農林水産業を支え、食料自給率を高く維持するのは、世界の常識である。

例えば、米国では、食料は「武器」と認識されている。米国は多い年には穀物三品目だけで一兆円に及ぶ実質的輸出補助金を使って輸出振興しているが、食料自給率一〇〇%は当たり前、いかにそれ以上増産して、日本人を筆頭に世界の人々の「胃袋をつかんで」牛耳るか、そのための戦略的支援にお金をふんだんにかけても、軍事的武器よりも安上がりだ、まさに「食料を握ることが日本を支配する安上がりな手段」だという認識である。

また、日本の農家の所得のうち補助金の占める割合は三割程度なのに対してEUの農業所得に占める補助金の割合は英仏が九〇%前後、スイスではほぼ一〇〇%と、日本は先進国で最も低い。「所得のほとんどが税金でまかなわれているのが産業といえるか」と思われるかもしれないが、命を守り、環境を守り、国土・国境を守っている産業を国民みんなで支えるのは欧米では当たり前なのである。それが当たり前でないのが日本である。

我が国では、国家安全保障の要《かなめ》として食料の位置づけが甘い。一応、実現目標として掲げられたカロリーベースで四五%という数字はあるが、今や三八%まで下がり、そこから上がる見込みも、上げる努力の気配も感じられず、食料自給率という言葉さえ、死語になったかのように使われなくなってきていることは、世界の流れに完全に逆行している。

第1章

これからの住まいと今までの住まい

本文中の写真で特別の記載ないものは筆者撮影。

働き方の変化により住宅が変わる

平成から令和の低成長時代になって社会の環境が変わり、働き方や住まい方が大きく変わろうとしています。これからの住まいには、多世代や他世帯が一緒に住まう広くて多様な生活ができる柔軟な「和の住まい」が求められるようになります。

戦後の経済高度成長期における日本の標準的なライフスタイルは、夫は外で仕事、妻は専業主婦で家事と育児を担うという男女の役割分担が徹底されていました。このような核家族を中心としたマイホーム型の閉鎖形の住宅は、経済の高度成長時代の終わりによってすっかりその生活機能を失ってしまいました。

女性も職を持ち、夫婦共稼ぎの家庭が当たり前の時代に変わってきました。特に、高学歴の女性は結婚後も会社勤めや在宅勤務でフルタイムやパートタイムなど、様々な形で働くようになり、夫婦ともに収入を得る家庭が当たり前の時代になりました。

家族のメンバーがそれぞれの職を持ち、七〇代や八〇代でも働き続ける人も増えて、これまでの家族の構成や生活のリズムが変わっていき、家族でのメンバーが担う役割も大きく様変わりしています。

また、このたびのコロナ禍により、テレワークが普及し働く場所や住む場所の自由度が大きくなり、個人の仕事の仕方、生活の仕方に変化が生まれています。

リモートワークの進展などで住まいを取り巻く社会環境が激しく変化することにより、住宅に対する意識が変わり、これからの住宅づくりは、今までのつくり方とはまったく異なったものになっていくでしょう。

住宅は、仕事をする場、創作活動する場、応接する場、趣味の場、鑑賞する場、料理・会食する場、勉強する場、子育ての場、介護の場、癒しの場、寝る場など、単に生活する場だけでなく、在宅で仕事や趣味を生かすいろいろなスペースを持つ広い住まいになります。

また、外部を利用して行われていた友人や知人との会食や冠婚葬祭の行事は、家で行うようになっていくでしょう。各室にはパソコン、ワープロなどの情報処理機、電話、ファックスなどの双方向型の情報端末機器が外部のネットワークと繋がっていて、Wi-Fiなどの情報武装が完備されます。

また、オンライン会議室や趣味を生かすアトリエ、図書室や音楽室などの多様なスペースが設けられた住宅も増えていくかもしれません。

これからの住宅は日常生活を営むスペース以外に、家族のみんながクリエイティブな活動をするための柔軟な住まいであり、生活空間のなかに新たなライフスタイルが繰り広げられる自由な空間を持つようになります。

働き方が変われば、家庭生活も大きく変わります。ライフスタイルが変われば、当然住居での住まい方も変わります。今までの核家族が住むような小住宅ではなくなります。

ライフスタイルに応じて各室の仕切りが簡単に伸縮できる「和のスタイル」の住宅であり、増改築が容易にできる構造形態を持つ「和風の住宅」が最適な住まいになります。

このような住宅は、新たな集合の形態や分散化する家族をつなげる住まいの計画であり、多世代や他世帯の大勢が同居し、家族全員がなんらかの仕事を持ち、お互いの仕事を協力し合って生活する住まいです。

それぞれが仕事を持ち、プライベートなスペースとパブリックなスペースで、お互いが同じ家族の一員だという意識をもっているかぎりプライバシーを超越する、そこにはなんらかのまとまりが期待されます。各メンバーの感情とか欲望とか、いろいろな気持ちを抱えながらもそれらを柔軟に包み込む大きな容れ物が、これからの住まいのかたちであります。

二〇二一年月六月に、広告代理店として日本一の規模を誇る電通が、東京汐留にある本社ビルを売り出すことを検討していると報道されました。電通と同様、多くの企業が地価の高い東京都心のオフィスビルの縮小を検討しています。

会社員が一斉に出勤することもなくなります。会社の組織はネットで繋がり、サラリーマンには毎日の通勤がなくなり、仕事をする場所は自由に選べます。自宅で仕事をすることが多くなるでしょう。必然として、住む場所や家のつくりが変わっていきます。

東京一極集中の是正を目指す「まち・ひと・しごと創生基本方針」案が二〇二一年六月に閣議決定されました。テレワークを通じて地方への移住や企業誘致に取り組む自治体を、二四年度末までに一〇〇〇に増やすことを目標としています。方針案では、コロナの拡大で地方移住への関心が高まったことで「転職なき移住」の環境整備が重要としています。

テレワークやリモートワークの進展など、働く場所や住む場所の自由度が大きくなるなど、会社と住居を取り巻く社会環境が激しく変化しています。それまで東京都内や近郊に住んでいた人が地方に移り住み、月に数回だけ新幹線などで本社に出勤するというワークスタイルも広がっているといいます。

会社の働く環境も変わり、社員の多くはパソコンなどの情報通信端末により、在宅などで仕事をする勤務形態に変わっていきます。社員は通勤に要する時間や会社での付き合いなどの時間が節約でき、この分の時間を趣味や将来の人生のために、スキルアップするための時間が多く持てるようになります。専門の学習や資格取得をめざし、特技を生かして副業を始める人も現れてくるでしょう。

このような住まい方や働き方のライフスタイルに三世代が交わることによって、新しい家族という抽象的なイメージが生まれます。世代を超えて家族関係はより長期的なものとなり、その間により多くの変化を経験するようになります。

長寿化により社会が革命的に変わる

これから長寿社会を迎えようとしています。長寿社会になると何が変わるのでしょうか。

人口学者たちが今の子どもたちの平均寿命を推計した結果、先進国では二〇〇七年生まれの子どもの半数は、少なくとも一〇四歳まで生きる見通しで、日本の子どもにいたっては、なんと一〇七歳まで生きる確率が五〇％であると推定しています。

今までは、人生八〇年で六五歳の定年まで働き、その後の人生の一五年間は、楽しい隠居生活を退職金や年金で暮らす生き方でした。だが、さらに人生が二〇年延び人生一〇〇年時代になったら、会社を退職してからも長い人生が続きます。三五年の隠居生活はできません。

長寿社会になりますと年金制度も変わり、年金生活に依存した人生設計は、もはや幸せに生きることを保障するものではなくなってしまいます。しかも、単身世帯ともなれば、高齢者の一人住まいの生活では先行きの不安は増すばかりです。

一般に、高齢化とは、医療の開発が進み、老人の寿命が単に延びて、働けない老人の割合が多くなり、医療などの社会保障給付費が増加し、現役世代の負担が増加する社会といわれています。しかし、これから起こる長寿社会は高齢化社会とはまったく異なる社会です。

今の日本では六五歳までが働く「現役世代」で、六五歳〜七四歳を前期高齢者、七五歳以上を後期高齢者として働かない世代と規定しています（高齢者の医療の確保に関する法律）。

長寿化とは、健康で若々しく生きる健康年齢が長くなることであり、働く期間が二〇年以上も長くなる社会のことです。人生が長くなれば、これまでの定年退職で働く人生は終わりではなく、第二のステージで仕事をすることになるでしょう。

第二のステージでは、今までの延長での労働ではなく、自分の特技を生かせる仕事、生涯とも興味を持ち続けられる仕事、お金のために強いられた労働ではなく、自ら求めてする楽しい仕事を選ぶことになるでしょう。働くことが、労働から自分の仕事に変わります。

寿命が長くなれば、個人生活と家庭生活における人生のあらゆる側面が変わります。家庭生活と仕事と社交が同じ場で行われ、そして趣味が仕事になり、仕事が趣味になります。男女の性別を超えて、家庭と仕事と遊びと生活の境目があいまいになります。同時に、お年寄りと若者の異世代が交ざり合い、その年齢差の境目もあいまいになるでしょう。そして、高齢者という言葉もなくなるでしょう。

これからは、年配の女性で仕事をする人も増えるでしょう。テレビドラマ「ドクターX」で見られるようなフリーランサーの数も増えていくでしょう。

また、第二ステージで独立するサラリーマンも増え、従業員一〇人以下の小規模の会社やベンチャー企業も増えていきます。中高年の転職も一般的になっていくでしょう。

取り巻く社会環境の複雑性が増し、予想が難しく変化が著しいＶＵＣＡ（ブーカ）の時代[*1]にあって、これまでの常識でのやり方や、決められた仕事をこなすだけでは評価されない時代がきています。ＶＵＣＡの時代で生き残るためにはＤＸの実現は重要な要素となっています。

デジタルトランスフォーメーション（ＤＸ）[*2]の推進で、デジタル技術を駆使した革新的なビジネスモデルを展開する新規参入者が登場し、老朽化したレガシーシステムを抱えている企業の寿命は短命化するともいわれています。

特定の職種に新しい専門スキルを持った人材を登用する別部署への異動や転勤はなく、昇進や降格もない「ジョブ型雇用」[*3]の採用により、大企業の新卒一括採用も変わっていくと思われます。終身雇用で人材育成も企業任せでよかった時代は終わり、これからは会社にだけ頼っていられません。

長い人生では、今までのキャリアを早めに切り替えて、第二の人生の新しいステージのために、主体的にキャリアプランやライフプランを考え、学びを通してアップグレードしていく必要があります。スキルアップの学習や新しい技術や資格の習得がより必要になり、仕事の合間に教育に多くの時間を費やす人が増えていくでしょう。

社会の労働環境も変わっていきます。あと二〇年もすれば、ＡＧＩ（汎用人工知能）[*4]の実用化が始まります。多くの職場で人間の手による単純な仕事は、すべてコンピュータが処理してしまいます。野村総合研究所とオックスフォード大学の共同研究グループは、日本の労働人口の約四九％の職業において、仕事は機械に代替が可能だと研究の発表をしています。社会が求める仕事の内容や労働市場の変化によって、いろいろな職種も大きく変わるでしょう。今までのキャリアやスキルの延長線で、七〇代、八〇代まで働くことは無理かもしれません。これまでの会社にしがみついていても、この先どうなるかわかりません。

労働市場に存在する職種は入れ替わり、スキルの価値も大きく変わっていきます。社会環境や労働環境が変わり、人生のステージが変わります。

家族のみんながそれぞれに何かの職を持つこと、家族全員が家事、育児、介護などのそれぞれの役割を分担し、七〇代や八〇代でも不安なく働き続けることができる生活の環境が求められるようになります。

長寿社会になって老後を豊かに過ごすには、より多くの生活資金も必要となり、お金という有形の資産と同じくらい、無形資産が重要となります。無形資産とは一般に、特許や商標、ノウハウなど目に見えない知的な資産をいい、有形資産と呼ばれる土地や建物、株や預金など目に見える資産とは対照的な概念をいいます。今後「モノ」や「カネ」から「ヒト」や「データ」へ、価値観がシフトしていくともいわれています。

しかし、長寿社会における無形資産はこれだけではありません。『ＬＩＦＥ　ＳＨＩＦＴ　１００年時代の人生戦略』の著者リンダ・グラットン氏は次のように述べています。

「自分を向上させてくれる友達や仲間がいるかどうか」、「私はこういう者です」「こういうスキルを持っています」とはっきりいえるスキル、また将来の仕事に生かせる「発展性のあるスキル」が無形資産です。一〇〇歳人生に備えるにあたって、「価値の高い知識を増やし、いい評判をつくっているか」が大事です。そのためにはバイタリティが必要で、健康に注意し「バランスの取れた生活」を送ることが大切であると説いています。

無形の資産は、それ自体に価値があることに加え、有形の金銭的資産形成を助けるという点で、長く生産的な人生を送るためのカギとなります。

今の日本では、なんとなく「今だけ、金だけ、自分だけ」に走っているような気がします。グローバルとか西洋式なものに目線が向いていて、「日本的なもの」「日本らしさ」を失っているように思えます。日本には自然や風土に根ざした世界に誇れる日本の伝統文化や歴史的資産がたくさんあります。長寿社会になりますと平均年齢が上がります。これからの社会は、こちらの方に視線が向いて再認識されていくと思われます。

リンダ・グラットン氏は「日本は、世界でも指折りの幸せな国だ」「ほかのどの国よりも平均寿命が長い」「長寿化の潮流の先頭を歩む日本は、世界に先駆けて新しい現実を突きつけられている国だ。そんな日本の経験をほかの国々も見守っている」と述べています。

日本には日本人を長寿にしている伝統的な和食文化があります。こころを磨く禅や作法があります。また、日本独特な文芸、芸道、武道、華道や茶道があります。終生これらの文化に堪能し、習熟していることも日本における無形の資産です。

私の大好きな女優のひとりに杉村春子さんがいます。戦後、小津安二郎、黒澤明、成瀬巳喜男、豊田四郎、木下恵介、溝口健二、今井正、新藤兼人などの巨匠から、自然でリアルな演技力を高く評価されて、主演を含め一四〇本以上の作品に出演しています。

彼女は一九〇六年生まれで、一九九五年の八九歳の時に文化勲章の内示を受けますが、「勲章は最後にもらう賞、勲章を背負って舞台に上がりたくない、私はまだまだ現役で芝居をしたい」として受章を辞退したといいます。一九九六年に日本新劇俳優協会会長に就任。

一九九七年一月一九日にＮＨＫのドラマ収録中に倒れて入院し、三月一六日から意識がなくなり、四月四日に亡くなりました。満九一歳でした。死去直前まで台本を読んでおり、最期まで女優であり続けたことに非常な感銘を受けます。

書家、美術家、エッセイストの篠田桃紅さんが遺した「人生のことば」です。

人は結局孤独。一人。
人に分かってもらおうなんて甘えん坊はダメ。
誰もわかりっこない。
人生は最初からおしまいまで孤独ですよ。
一人で生まれ、一人で生き、一人で死ぬんです。
誰も一緒にはやってくれません。

篠田桃紅さんの作品には日本の伝統的な美のかたちや旋律が息づいています。一九一三年（大正二年）三月二八日生まれで、昨年の二〇二一年（令和三年）三月一日に一〇七歳で亡くなるまで新しい造形を模索し続けられました。二〇一五年に出版した『一〇三歳になってわかったこと　人生は一人でも面白い』が四五万部を超えるベストセラーになりました。

また、二〇一六年に「もみじ」という作品を発表しています。一人で生きて長寿をまっとうし数々の創作活動で大きな功績をのこした美術家です。

その著書『朱泥抄』のなかに、こんなエピソードがあります。

「昔、映画の中で、樋口一葉の手になったことがある。並木鏡太郎監督の映画『樋口一葉』で、三カット、一葉の手の役を演じた。主演の一葉の役は、山田五十鈴さんであった。一葉は二十四歳で世を去ったのだから、原稿や手紙を書く手が、その年ごろの手でなければならないので、駆り出されたのであるが、凝り屋といわれた並木監督も、手を似せても、書く手、つまり書風のほうまでかんがえなかったのか、何しろ自己流の字しか書けない私に、千蔭流の書をよくした、という一葉の筆跡の真似など出来るわけがない。そのことを言うと並木氏は、出来るだけ似たようにしてくだされば いい、とあまり気にしない様子なのである」

映画『樋口一葉』は一九三九年に製作されたもので、篠田桃紅さんが二六歳の時の作品です。その時の山田五十鈴さんは二二歳でした。

篠田桃紅さんは二〇二一年の三月一日に一〇七歳で亡くなられました。執筆時点での世界最高年齢は福岡市に住んでおられる田中カ子《かね》さんです（二〇二二年四月一九日に一一九歳で逝去）。

桃紅さんがその年に近いお年まで健康で美術活動をされていたことは驚きです。松隠亭では桃紅さんの命日には、桃紅さんの墨蹟を床の間に飾ろうと思っています。

小説家、瀬戸内寂聴さんのエッセイ集『寂聴　残された日々』からの一文です。二〇二〇年七月まで朝日新聞に六〇回続けられています。二〇一七年四月の文です。

「病院で、ある日、突然昼寝から覚めた時、『早く、早く書いておいて。〝この世も、あの世も無だ〟と書くのよ。今、それを聞かされたの』と叫んで、秘書を驚かせた。確かにその声は今も胸に残っているが、退院して以来、私は病気以前と同じく、とても『無』とは思えない雑然としたこの世のニュースに、毎日、耳目を奪われている。友人はどしどし死んでゆくのに、なぜか私は死ねない。それだけ業が深いのだろう。こうなれば、いっそ、開き直って、七万人近くもいるという百歳まで、生きつづけて、書きつづけてやろうか」

九五歳で長編小説『いのち』を書いています。作家生活七〇年、最後の力作です。

「私が秘かに今、恐れているのは、頭がさけることだけであった。それも突然、病気が起って、その場で即死するならきりがいいが、言葉も出なくなり、ロレって、ついには自分で判断ができなくなっても、他の内臓が元気で、生きつづけたらどうしよう。私の美意識は、どうしても、そうした自分の見苦しい老いと病を許すことが出来ないのだった」

瀬戸内寂聴さんは、二〇二一年四月四日に九九歳の生涯を閉じました。

『おしん』で有名な脚本家の橋田壽賀子さんが二〇二一年四月四日に亡くなられました。享年九五でした。

「あるテレビ番組のインタビューを受けた直後です。（中略）「いまのテレビドラマを観ていても、書きたいと思わなくなりましたね」「何でもないホームドラマが生きられない時代になったって思うんですね。だったら、もうやめてもいいと思います」と話しました。それが誇張されて「引退宣言！」となったようです。言いたかったことと違う取られ方をしてしまうのは、何でも思ったままを口に出すせいでしょうか」

（二〇一七年刊『安楽死で死なせて下さい』より）

二〇二〇年に文化勲章を受章された時、「まだ書きたいこと、書いておきたいテーマがあるので、精進したいと思います」とコメントされたそうです。

それぞれの方が、九〇歳を超えても健康で、亡くなられる間際まで芸術活動や文筆活動に活躍されています。この姿こそが長寿社会における健康寿命であり、誰もが願う長寿社会のモデルといえるのではないでしょうか。

三世代の住まいと地域とのコミュニケーション

日本における重大な社会問題は、子どもやお年寄りが社会の絆から逸《はぐ》れ、孤独な無縁社会に追いやられていることです。

この原因についていろいろ議論がされていますが、私はこの少子化の要因の一つに、現代の住まいのつくり方に問題があったのではないかと思っています。

戦後から続いてきた一家族一住宅の極端にプライバシーを重視した閉鎖的な住まい。機能性や効率性ばかりを重視したゆとりのない一世代限りの簡易な西洋風の住まい。

そして、その家族の趣味と嗜好によって定められた家族中心主義の住宅の考え方とつくり方に、多くの問題があったのだと思います。

このような住まいを当たり前とした核家族中心の暮らしが、現在ぼろぼろと崩れ始めています。家族そのものが解体して単身世帯が増え、地域とのつながりも希薄になり、個人がバラバラの孤立無援の状態で無縁社会化が進んでいます。

今日のマンション生活に見られるような家族も地域も、近隣付き合いにほとんど無関心な社会では、子育てをする環境になく、むきだしの老いや死に直面せざるを得なくなります。この現象をつくり出した原因は、小住宅のつくり方に問題があって、そこでの核家族の閉鎖的なライフスタイルにあったのではないかと思わざるをえません。

家族は小さくなり、子どもの貧困、高齢者の孤独死など、これらの現象に見られるように、子と同居しない高齢者の割合が非常に高くなっていることについて問題視すべきで、福祉や介護といった社会福祉や社会制度で解決できる問題だとはとても思えません。

これからの社会は、スキルの価値が瞬く間に変わる時代です。「高齢者、大人、子ども」の三世代同居の住まいで古い家族形態にとらわれず、平等性と対等な家族関係を築いていくことが大事であると思います。異なる世代がそれぞれの関心事を共有し、支え合い、世代間の交流が活発になれば、若者にも高齢者にも大きなメリットがあり、世代を超えた人間関係が築かれれば、年齢に関する固定観念や偏見も弱まります。

大所帯になることで、子どもの育児や高齢者の介護など、いわゆるケアに対する負担を分散したり、補ったりすることができます。また、問題を共有できるメンバーが複数いることは精神的な安心につながるし、経済的なメリットもあります。

家族が多世代で構成されるようになれば、異なる世代が理解を深め合う素晴らしい機会が生まれます。

問題を共有することによって精神的な安心にもつながることができます。

お年寄りは長い人生を過ごしてきた経験があります。どんなに社会が新しく変わろうとも、歴史を紡いできたいろいろな経験は何ごとにも代えがたい存在価値がありま す。

文化は隔世世代で伝わるものだといわれています。祖父母から孫へということです。幾世代も持続するやさしい家族、素晴らしい友人たち、地域とのコミュニケーション、肉体的・精神的な健康に恵まれ、家族たちに囲まれている人生を無形の資産と考えます。

長寿化の時代にあって誰もが「よい人生」を築くために、有形の資産と同じくらい、無形の資産も重要だと思います。人間は一人では生きられない動物です。人は「家族」と「地域」のなかで暮らしています。信頼できる人間関係は、家族とその地域コミュニティを大切にする社会から生まれます。

かつて、身内をえこひいきに一番と考える家族集団にたいして、地域の人々の繋がりのなかで、他人の子を幼少の頃から見守ってくれていた大人たちがいて、地域の高齢者を見守っている子どもたちがいました。いざという時に相互扶助のおもてなしの精神で成り立つ地域社会がありました。

祖父母、父母、そして子どもたちの三世代が一緒に過ごせる街、そして、子どもや老人が地域コミュニティのなかで大事にされている社会こそが、豊かな社会であるといえるのではないでしょうか。常に街には若者がいて高齢者がいる、三世代が入り交じり、さまざまなコミュニティが形成されて、そこには更に新しい文化や芸術が生まれていきます。

街も人間の体と同じく「新陳代謝」が必要です。そしてこの三世代が何回転かするうちに、その街はさらに豊かな街になっていきます。

次世代に受け継がれていくものがない街は、さびれていく街です。当たり前ですが次世代に受け継がれないものは、価値がないとみなされてしまうのです。

豊かな家とは、その地域の風土と文化によって養われた多様性があり、人と人とのつながりを大切に考えてつくられています。

家づくりは、世代を超えて家族が同じ空間を共有し、それぞれの地域の風土文化に対応し、家族や地域社会とのコミュニケーションを大切にし、個々のこだわりのある住まいを基本にすることから始めることが、肝要なのではないでしょうか。

同じ地域で同じ空間で長く暮らし続けることにより、家族愛が強まり相互扶助が育ち、地域コミュニティにも良好な関係が育まれます。風土に根ざした良い住宅は死にません。

子どもは社会の子

戦前の家族は子だくさんで大家族の生活でした。子どももお年寄りもそれなりの仕事をしていました。子どもたちは、地震、雷、火事、親父といったように父親は怖い存在であまり口をきいてもらず、母親には愛情のこもった眼でじっと遠くから見守られているだけでした。子どもたちは、多世代家族と地域コミュニティ社会のなかで大きくなりました。

現代の都市部では核家族が一般的になりました。どの家族形態においても家族にとって出産と子育ては、人生の最大のイベントです。特に、核家族にあっては、子育てに要する出費の多さや期間が長いのは耐えがたいことです。

母親にとっては子育て時期の年齢は、人生にとって最も充実した大切な時です。一人っ子や子どもをつくらない夫婦だけの生活が多くなるのは自然なことかも知れません。

少子化の現象の大きな原因は、家族の経済的な問題の他に、戦後に発展した核家族とｎＬＤＫという狭い住宅にあるのではないかと思います。

現在の核家族の世帯では、子どもが成長すればそれぞれ家から巣立っていきます。残された家族は夫婦のみです。片方が欠ければ単身世帯になり、地域とのコミュニケーションも薄くなります。両方が亡くなったら家は空き家の状態になります。このような一世代限りの貧しい戦後の住宅は、子育てに向かないものであったのではないかと考えます。

これからの社会は長寿社会です。長寿化が及ぼす最も大きな影響は、長い人生において子育て期間の割合が小さくなることでしょう。長寿社会になると出産と子育ては、人生のメインイベントではなくなります。最大のイベントは生涯学習と仕事になります。

目まぐるしく変化する社会にあって、家庭のあり方も変化します。夫婦の両方が仕事を持ち、高度なスキルと知識を磨き、新しいキャリアを追求することに多くの時間を持つようになるでしょう。

子どもの世界にあっても、偏差値や受験のための硬直した勉強ではなくなるでしょう。これからは創造性や感性や思考の柔軟性が強く求められる社会になります。親子はお互いを尊重し合い対等な関係で接するのがいいでしょう。

子は親のうしろ姿を見て育つといいます。まず親の考え方、生き方が大事になります。

長寿社会になれば、会社勤めで労働の対価として賃金をもらって生活するだけでは、長い人生を生きていけません。家で仕事をすることが多くなり家庭の環境も変わります。

仕事は自分が情熱を持ち得て、興味の持てる分野で楽しく働けることが大事になります。友達づき合いが大切になり、仕事と趣味と遊びと家庭とが一体となっていく生活になるかもしれません。

子育てに両親や祖父母の助けを借り、自らがキャリアを追求する期間はパートナーや家族に子育てを担ってもらい、パートナーがキャリアを追求するあいだは自分と家族が子どもを担うなど、お互いに経済的支えを得ながら、新しいキャリアのステージに乗り出すのがいいのではないでしょうか。

恋をして子どもが生まれることは自然の現象です、子どもは誰の子でもなく社会の子です。

子どもは生みの親よりも育ての親に愛情を求めるともいいます。育ての親は「おじいちゃん」「おばあちゃん」が最もふさわしいのではないでしょうか。

家族の歴史は隔世代でつくられるともいいます。社会はそれを支援しなければなりません。子どもの教育は学校や親の責任であるという考え方は間違っていると思います。

親の子離れ、子の親離れは早い方がいいと思います。子どもは多くの家族や地域環境のなかで育ちます。

詩人ハリール・ジブラーンの詩（子どもについて）に、つぎの言葉があります。

赤ん坊を抱いた一人の女が言った。
どうぞ子どもたちの話をしてください。
それで彼は言った
あなたがたの子どもたちは　あなたのものではない。
彼らの命そのものは　あこがれの息子や娘である。
彼らはあなた方を通して生まれてくるけれども
あなたから生じたものではない、
彼らはあなたがたと共にあるけれども
あなたの所有物ではない。
（中略）
あなたがたは弓のようなもの、

その弓からあなたがたの子どもたちは
生きた矢のように射られて　前へ放たれる。
射る者は永遠の道の上に的を見定めて
力いっぱいあなたがたの身をしなわせ
その矢が速く速くとび行くように力をつくす。
射る者の手によって
身をしなわせられるのをよろこびなさい。
射る者はとび行く矢を愛するのと同じように
じっとしている弓をも愛しているのだから。

（訳　神谷美恵子）

これからの住まいを考える

住宅の住み方について考える時、いろいろな考え方があります。

一つめは、住宅を資産として考え、それをうまく運用しながら、家族形態の変化やライフスタイルの変化などに応じて、住み方を自由に変えていく方法。都市型の住宅で現代では一般的になっています。

二つめは、住宅は人生の基盤としてその地域の風土と文化のなかで、人と人とのつながりを大切にした住み方と暮らし方。日本の伝統的な戸建住宅で、これから再認識されてきます。

三つめは、人間らしく生きるために、また自分のやりたいことや信念を貫くために、世の中すなわち世俗を離れて自然のなかに隠棲し、静観の暮らしを求める生き方です。

それぞれの住居あるいは住み方について、人それぞれ人生観や生き方があり、また時代の生活環境にもより、どちらがいいとか悪いとかいえるものではありません。

どのような住み方にしても住宅に係る費用は、人生で最も大きな負担です。都会で一戸建ての家を建てるとすれば、土地と建設費で相当の出費となります。それほど広いとはいえない集合住宅を購入するとしても、個人にとって最も高い「買い物」となります。

住宅を買わなくて、賃貸住宅に住むとしてもそれなりの費用がかかります。しばしば賃貸住宅の家賃は「給料の三分の一まで」といわれたりしますが、逆にいえば自分の稼ぎのそれほど大きな割合を、住宅に対する費用として支払うことが半ば当然になっています。

これからの住まいで大切なのは、一世代一住戸、一人一室、といった硬直した住み方の呪縛から離れることではないでしょうか。何世代にもわたって住み継がれていく住宅がこれからの住宅です。家は、生まれた時から、死ぬまで何世代にもわたって人の寿命を見守る棲家として、つくらなければならないのではないでしょうか。

そして、良い自然環境に居を構えたいと思います。土地にはそれぞれ個性があり、希少性があります。建物と違って土地は自然であり、「永遠」です。建物はいつか壊れてしまいますが、土地はどんな人間がそこに宿しても去っても、その存在は消えることはありません。「ふるさと」という言葉は、山か海、野辺や川など、自然がたくさんあるところが似合うような気がします。

土地や地域を愛した人はその土地や地域から恩恵を受けます。自然を愛した人は自然からの恩恵を受けます。これからの住まいは、自然とのコミュニケーション、家族や近隣の人々とのコミュニケーションを大切にした住宅です。

日本の土地は山紫水明の風土にあります。風土には人間が生きてきた長い歴史が埋め込まれています。日本人は日本の風土のなかで自然と闘い、自然を愛し、そして協調しながら生きてきました。伝統的な日本の住まいは風土のなかに根付いて存在しています。

これからの住まいは、豊かな自然環境のなかに三世代の大家族で住む田舎での住宅です。これまでは考えられなかったほどの広い敷地を買い求め、庭には家庭菜園やテニスコートなどをつくります。山が好きならば山の近くに、川が好きならば川の近くに、海が好きならば海の近くに住居を定めても、働き方の基本がリモートワークになれば、週に一回や月に数回の出張なら、さして不便を感じないでしょう。

高いローンを組んだ建売業者による出来合いの戸建住宅ではなく、自分たちのライフスタイルに合わせた住宅で、毎週末には友人たちと地場で採れた旬な食材でガーデンパーティーを楽しむ、こんな新しい生活が早い時期にやってくるのです。

新たに住宅を建てる場合、必ずしも最初から完璧な住宅を建てる必要はありません。例えば、坪一〇万円程度の土地を買い、その上に必要最低限度の住宅を建てたあと、ライフサイクルに合わせて、徐々に土地も建物も増やし改築をしていくのです。

建築材料は木や土や紙の自然素材を使い、自由でのびのびした和風住宅を、二、三世代でゆっくりつくっていくのがいいのではないでしょうか。また、古い民家を改修して住むのもいいでしょう。土地に根をはった家屋は永遠に家族の歴史をつくっていきます。

日常は、自然環境の豊かなところで仕事と趣味を楽しみながらの生活をする。非日常的には、別荘として都市の安い賃料のマンションを借り、週に一度くらいは都市の喧騒のなかで仕事をする。という優雅な暮らしがこれからのライフスタイルです。

イギリスのヴィクトリア時代を代表する評論家・美術評論家であるジョン・ラスキン（一八一九～一九〇〇）は『建築の七燈』のなかで次のように述べています。

「各々が自分のために自分一代の期間のためにだけ住宅を建てることを好むとすれば、必然的に人間の持つ本来の愛情は壊れ、家庭というものが与える事柄、すなわち、親が教えてくれたすべての事柄に恩を感じることもなく、私たちが父親の名誉に対して不忠実であったという自覚もなく、あるいは私たち自身の生涯に私たちの住宅が子孫に対して新鮮な尊いものであると教える自覚もないであろう。（中略）建築を建てるときには未来永劫のために建てることにしよう。それを現在の快楽のためだけとか、現在使うためだけに建てるのでなく、いつか自分たちの子孫が私たちに感謝するようなものにすべきである。『見よ。これが私たちの祖先が私たちのために造ってくれたものだ』と語り合うだろうということを考えようではないか」

篠田桃紅さんの随筆集『墨いろ』は、一九七九年に第二七回日本エッセイスト・クラブ賞を受賞しています。『墨いろ』に建築家のグロピウス氏[*5]の庭の話が載っています。

「ボストンに滞在していた時、建築家のグロピウス氏夫妻に招かれた。（中略）ボストン郊外のサウスリンカーン村の、そういう紅葉の丘や林のあるところに、ひっそりとグロピウス氏夫妻は住んでおられた。門もサクもない。どこからどこまでがグロピウス領なのかわからない。見渡してもほかに一軒の家らしきものも見えず、四方ゆるやかな丘、起伏と森や林、人間が作ったものは白いハウスと、まわりの少しの芝生、一、二の彫刻、それと夫人の使うフォルクスワーゲンだけである。(中略)晩御飯を頂いた後、夫人がイソイソと私たちの食べ残りを集め、芝生に面したガラス戸をあけ外の小さい台におかれた。『お客様がきますよ』といわれて室内の灯りを消した。外には小さい灯りがあっておサラが見える。まもなく二匹のリスがチョロチョロやって来ておサラのものを食べはじめた。すると次にはラクーンというアライグマに似たやや大きい小動物が現れ、次にスカンク、ウサギと続々集まってきて、仲よく食べている。周囲の森や林に棲む小動物たちは毎晩こうして招待されることになっているらしい。一歩戸を出れば自然のフトコロで、そしてそれが庭なのである」

桃紅さんは一九五六年に渡米し、ニューヨークを拠点にボストン、シカゴ、パリ他で個展を開催され、五八年に帰国していますからグロピウス氏夫妻に招かれた頃の桃紅さんは四四、五歳の頃で、今から約六十数年前の話です。

このような自然のフトコロに抱かれて住むすまいは、これからの住処としては最高でしょう。でも、日本ではグロピウス氏のように野生動物を招いての食事は無理でしょうね。

新潟県十日町市の山あいの集落に住んでいる、ベルリン生まれのカール・ベンクスさんは、建築デザイナーとしてこの地域に残る古民家を現代に再生させる仕事をしています。

「田舎には都会にない大切なものが沢山ある。緑が豊かな自然、生き物たち、きれいな水、おいしい食べ物、人と人のふれあい、ゆったり流れる時間。そして、ここには素晴らしい自然がある。日本人の原風景がある。たとえ住んでいる人たちが変わっても、家にはそこに住んでいた人のこころが宿って景観として引き継がれている。もし古材が言葉をしゃべることができたなら、何十年、何百年の間に会ってきた何百人、何千人の思い出を語ってくれるに違いない。

古民家は費用が高くつくと思われているが、そんなことはない。大手住宅メーカーの坪単価と変わらないうえ、何よりも質的に格段の差があり、ひ孫の世代まで使える財産になる」といいます。

アメリカの作家マーガレット・ミッチェル（一九〇〇〜四九）の『風と共に去りぬ』を思い出します。南北戦争という「風」とともに、当時絶頂にあったアメリカ南部白人たちの貴族文化社会が「消え去った」当時の長編時代小説です。映画化にあたって次のセリフで有名になりました。

「私にはタラがある！」「神様に誓います。二度と飢えません！」

映画史上屈指の名作『風と共に去りぬ』の舞台は南北戦争（一八六一〜六五年）のアメリカ。南部ジョージア州タラの地主の娘スカーレット・オハラ（ヴィヴィアン・リー）の名言。『風と共に去りぬ』では、タラという土地がスカーレットのこころの支えになっています。

どうにもできない窮地に追い込まれた時、必ずタラに帰ろうと決意するのです。

スカーレットの父であるジェラルドが、若き日のスカーレットにタラの風景を見ながらいうこのセリフ、

「この世で唯一価値のあるものは土地だけだ。土地は永遠に残る」。

土地というものへの愛着、信頼とともに、人の暮らしそのものが、いかに強くその

風土に根ざしていて、こころのよりどころになっているかが窺えます。

マンションでの住まい

マンションは都会での仕事が忙しい人や高齢者には実に快適な住まいです。夫婦共働きが当たり前の時代には、都心での居住は必然かもしれません。

住まいとしてマンションを考える時、マイホームとして購入するか、賃貸マンションを借りて住むかを選択します。

マンションは当初、戸建住宅を購入するまでの仮の住まいとして位置づけられていましたが、今では、土地代が高い都心での戸建住宅は無理なので、土地を共有してつくられる共同住宅として購入して住み、マンションを「終の住処」とする人も増えてきました。

マンションは共同住宅の建物で、建物の区分所有などに関する法律に基づき、「専有部分」と「共用部分」に分かれています。専有部分は居住者だけが利用する部分のことで、共用部分はそれ以外のすべてになります。

専有部分は壁、床、天井の躯体部分（躯体部分は共用）に囲まれた住戸のことで区分所有者の所有になります。共用部分は、建物の躯体、エントランスホール、管理人室、駐車場、また、上下水道や電気・ガスといった配線配管などの建築設備などで、区分所有者の共有財産です。敷地も区分所有者の所有で共有財産です。

一般的に新築マンションの価格は、建設地により違いはありますが、大ざっぱにいうと土地代が三割、建設費が四割、販売費が三割で、建設費と販売費を合わせて七割という試算があります。新築マンションの資産価値は、そのほとんどがマンションの建設に要する建築費と販売費ということになります。

土地は永遠ですが、建物には寿命があり、経年とともに劣化が進んでいきます。会計上も毎年償却されて、四七年で帳簿上では建物価格はゼロになります。土地の価格が変わらなければ、四七年後にはマンションの価格は、新築時の価格の約三分の一になるということになります。

マンションの資産価値を長く保つためには、建物の日常の管理や修繕、一二～一七年ごとに行う外壁や防水の大規模修繕、設備配管の改修が必然です。マンションはこれらの維持管理の体制が悪いと急速に劣化が進んでいき、マンションの資産価値が経年とともに下落していきます。マンションは建て替えがしにくいので、寿命が尽きたら最後はスクラップにするか、スラム化してしまうかもしれません。

マンションは、隣との付き合いも少なく、周りに気を遣うこともなく、安全で安心な住まいだと思いがちですが、実は一つの建物をみんなで維持管理しなければならない運命共同体の建物なのです。どういう人と運命を共にするかの選択が、マンション選びの重要なポイントになります。建物の共用部分の維持管理は、区分所有者から集めた管理費や修繕積立金などで行います。もし、区分所有者の誰かが管理費や修繕積立金を滞納してしまったら、区分所有者の全員でその分を負担しなければなりません。

国土交通省「マンション総合調査」（二〇一三年）によれば調査対象となった管理組合のうち、約三七％で管理費の滞納が生じていると報告されています。

マンションは購入すれば、購入時より価格が値上がりすることで売却益が得られるという「土地神話」がありましたが、平成バブルが崩壊した時点ですっかり消えてしまいました。また、住宅を購入する時、「住宅は資産」と考えて、賃貸住宅で毎月、多額の賃料を支払うよりも、住宅ローンで購入すれば、住宅ローン減税といった優遇措置も得られるなど、様々な点で有利だと考えられてきましたが、今ではそういう時代ではなくなっています。

将来の値上がりが難しくなったこと、維持・更新の難しさがあることなどによって、分譲マンションに資産としての価値が薄れています。

戦前の都市部では住宅の大半は賃貸住宅でした。

都市というのは基本的に、賃貸という形を採用することで、それぞれのライフスタイルに応じて、住む場所や家の広さを変えながら生活するようにできています。

賃貸住宅に住み、家賃を支払い続けることは、何も「もったいない」という話ではない。家賃はあくまでも生活をするためのコストであるから、収入の多い時は豪邸で、少ない時はそれなりの身の丈にあった家賃で気楽に住むことができます。マンションに住むなら賃貸のほうが合理的な生活ができます。

特にマンションは永住する住居形態ではなく、将来一戸建てに移るまでの一時的な住まいと捉えられる傾向が昔からありました。

マンションは一部の物件を除いて資産ではなくなっている現在、住宅ローンの返済負担は増大し、住宅所有の達成と維持が容易でない世帯が増えています。都心で働くのに際して、マンションを買わなくて賃貸を選択する発想も出始めています。

マンションの良さをたっぷり享受できる賃貸マンションを選ぶのが、これからの時代には賢明な選択です。

不動産バブルの崩壊で自ら買い求めたマンションの価値が下落していくなかで、多額の住宅ローンの返済に苦しむよりも、賃貸住宅を自らのライフステージに合わせて住み替えていくという選択は、今後の生き方として一つの潮流になっていくのではないかと考えます。

不動産評論家で実業家の牧野知弘さんは著書『2020年マンション大崩壊』のなかで、次のように述べています。長い引用ですが著書の一部を紹介します。

マンションは本来「賃貸」資産である

賃貸住宅としてのマンションは借りる側にとってはまことに都合のよいものです。短期間暮らすには利便性がよく、住戸の管理がしやすく、安全性の高いマンションは都会の棲家としては格好の住宅です。賃貸であれば、自身の人生の変化、リストラにあう、事故でけがをする、病気になる、地震などの天変地異に遭遇する、様々なリスクが身にふりかかっても「住み替えて」しまえば大きな負担を背負い込む心配はありません。

ましてや二五年後、子供は（いたとしたら）独立して家には夫婦のみ。場合によっては妻と離婚しているかもしれないし、病気になっているかもしれない。人生には想定しなかったような様々な変化があるものです。その時々の状況に応じてその時点の自分の身の丈にあった住居に住み替えていくには、賃貸住宅は価値が高いといえるかもしれません。

家賃は「もったいない」のではなく、住むための「必要コスト」とわりきれば考え方も変わってきます。家賃が高くなれば、身の丈にあった別の住戸に移り住むことも自由です。

このように考えると、マンションは賃貸資産として考えるのが一番自然かもしれません。買って住むのではなく、借りて住む。または所有して人に貸して運用する。一定年限の中で確実に収益を上げ、建物の償却を享受すれば、賃貸資産としては決してそんな悪い資産ではありません。そのためにはやはり都心部で交通利便性の高いマンションが賃貸用としては優位になります。マンションは立地のよい賃貸用資産、という概念が実はこれからの「常識」となるかもしれません。

所有権の呪縛から解放されよう

目まぐるしい時代の変化の中で、継続することが約束もされていない会社に勤め、自らの二〇年あるいは三〇年にわたる給料債権を担保にしてローンを組む。その結果として、最終的に獲得できる住宅の価値について、その価値が全く保てないどころか、大きく下落するリスクを抱えたものになる。あるいは、ローン返済後も大規模修繕や空き住戸問題、管理費の未納や滞納など、自分とは関係のない他人の人生までを背負い込む可能性を持ったマンションを所有する。このことの不合理に気づく人は、今後増えてくるかもしれません。

そうした意味で、住宅について、今後は必ずしも所有権に拘る必要性は薄れてくるように思われます。住宅はそのエリアが好きで一生住み続けたい、そのためのお金も十分にある、あるいは担保が十分にあるという方は所有権を取得し、一生住み続ければよい。いっぽうで、今後の時代の変化に対応していかなければならない、会社の変化、家族の変化、自身の価値観の変化など、自分の来し方行く末がまだはっきりとイメージできない人は、無理に住宅を取得せず、賃貸住宅で暮らしていく。そんな柔軟な生き方があってもよいのかもしれません。また、住宅がだぶついている日本にあって、住宅が不足して買い時を失するというような事象は、到底起こりえないことも付け加えておきます。

この所有権の呪縛からの解放が、また新たなる、魅力的な住宅の創造につながるような気がしています。

（『2020年マンション大崩壊』一七九〜一八〇、二四二〜二四三ページより）

敗戦直後の住宅事情と「ｎＬＤＫ」型の住宅

戦後の工業化推進により、農業を中心に生活を営んできた多くの若い人たちが都市に移り住み、賃金労働者（サラリーマン）になっていきました。当時のサラリーマン家庭の理想の生活は団地や郊外の戸建住宅に住み、夫が外へ働きに出て、妻が専業主婦として家事や育児に専念することでした。これを核家族と呼ぶようになりました。社会制度も封建性から民主性に大きく変わり、以前に多かった親子三代で暮らす家族は少なくなり、核家族という家族形態の基本となる新しい生活スタイルが生まれました。

都市生活でのサラリーマンは、会社に就職したら退職まで同じ会社で働くことができる「終身雇用」制で、給料は年齢に応じて上昇する「年功序列」制度を前提とし、結婚して家庭を築き、住宅を銀行からの借入金で取得し、毎月の給料のなかから住宅ローンをコツコツと返済して、定年退職までに自分の持ち物となるマイホームを持つことが夢でした。大都市の急激な人口増加に対応するため、国は大量に住宅を供給しましたが、それでも住宅不足は大きな問題で、国や自治体の予算だけでは限界がありましたので、公共賃貸住宅の大量供給ではなく、自ら持ち家を持つことを奨励する住宅政策に重点をおきました。

大都市の周辺には核家族が住むための住宅地がどんどん開発されました。開発された敷地は画一的に区画され、同程度の敷地に同規模の家が立ち並び、同年代の人々が住むニュータウンと呼ばれる新しい団地が生まれました。サラリーマンはもっと広い住宅を求めて、さらに遠いところに新しい郊外の住宅地を求めました。郊外に住宅地が拡大していき、通勤時間は長くなり、サラリーマンの通勤ラッシュが社会現象となりました。

サラリーマンにとってそんな苦労を強いられても、核家族で住む庭付き戸建住宅の楽しい我が家の魅力は大きいものでした。したがって、都市近郊の地価は大幅に上昇し、あまねく住宅の価格が上昇を続けていきました。そこに、「どんな土地でも保有していれば資産価値は必ず上がっていく」という「土地神話」が生まれたのです。

一九六六年に放映されたＴＢＳドラマシリーズ『渥美清の泣いてたまるか』に橋田

壽賀子脚本の「お家がほしいしいの」というエピソードがあります。当時のマイホームを求める様子がとても興味深く映しだされています。年収一〇〇万円の三七歳のサラリーマンが、通勤時間に往復四時間かかる郊外に三六〇万の家を取得する、当時の様子が象徴的に描かれています。

頭金として会社や兄から八〇万円を借り、銀行から三〇〇万円を借入するなど、家づくりの計画に躍起になる奥さんの奮闘ぶりが面白おかしく、高度成長を支えた、当時の会社にも家庭にも忠実なサラリーマンの人情深い哀しい姿に泣かされます。

敗戦直後の住宅不足は全国で都市を中心に四二〇万戸であったといわれています。国策としての公営住宅は、一九五一年に「五一C」という公営住宅の標準設計、いわゆる「2DK」という食寝分離の狭小な面積の賃貸住宅を開発し、一九六〇年までに公庫・公団を含めて、全国に約二〇〇万戸を超える数多くの住宅を建設しました。「五一C」のつくられた四年後の昭和三〇年に設立された日本住宅公団は、開発されたその計画理念を公共住宅の標準設計として引き継ぎました（参照：鈴木成文『五一C白書』）。

公団は、大団地やニュータウンをつくり、さまざまな世帯に対応するために2DK・3DKといった、いわゆる「nLDK」という型の、小住宅鉄筋コンクリートのアパートを大量に建設していきました。2LDK型の住宅は欧米からウサギ小屋だと揶揄されましたが、この賃貸住宅に入居するには四〇倍という競争があったほど、当時の団地はサラリーマンにとって強い憧れの的でした。

建築学者の鈴木成文（一九二七〜二〇一〇）は著書『住まいの計画・住まいの文化』のなかで次のように述べています。

「2DKとか3DKという表示の仕方は、今や誰にでも親しみ深いものになっているが、これは一九五五年（昭和三〇）に設立された日本住宅公団でつけられた呼び名であり、名付け親は初代設計課長の本城和彦である。ところでそのDKすなわちダイニングキッチンが初めて公に登場したのは、公団設立の四年前、一九五一年度の公営住宅標準設計である。公営住宅とは大ざっぱにいえば、建設費の国庫補助を受けて県や市町村などの自治体が建設する賃貸住宅である。そしてその前身は、一九四五年の越冬応急住宅に始まる。敗戦直後、東京はじめ大都市には、住むに家ない仮小屋暮らしや壕舎暮らしの人々があふれていた。その年の厳しい冬をしのぐために、国庫からの資金により、とりあえず一〇坪足らずの木造住宅を十万戸建てたのが始まりである」

「ｎＬＤＫ」型の住宅は規格化や画一化がしやすく、大量生産しやすい建物だったので、新興の住宅業者は、ほとんどの住宅部材を工場で製作しやすいように加工や組立ての構法を考案し、木質系、鉄骨系、コンクリート系などのパネル構法やプレハブ構法に開発を競い合い、住宅不足の市場にどんどん参入して大きく発展していきました。

大手の住宅業者も大量の広告宣伝、ローン会社との提携などにより、住宅の斬新なイメージで、住宅購入者の欲望を掻き立てる販売戦略を全国的に展開していくことになります。このように「ｎＬＤＫ」型の住宅は、日本住宅の標準タイプとして賃貸住宅だけでなく建売住宅や分譲マンションで、利潤追求の競争のなかで大量に販売する商品となっていきました。購入者の市場調査や分析、そして積極的な宣伝によって成立する住宅は、もはや「住む」ために建てるというよりは「売る」ために建てるものに変貌し、住宅は住宅ローンの拡大とともに自動車のように、住宅商品として全国に大量に販売される耐久消費財になっていきました。

つまり、住宅の需要者は、建築主として家を建てるという立場から、出来合いの住宅を買うという購入者の立場に追いやられてしまいました。そして、この様な住宅づくりから販売までのシステムが住宅建築のイメージとして定着していきました。

建築学者はこの点を批判的に問題にしましたが、社会的になんの反応も起こりませんでした。このような住宅は、端的にいえば大工や左官職人の技術を要しない構法で、複雑な建築の専門知識がなくても建てられる「構法の標準化」によってつくられる住宅で、ＡＩの技術によってマニュアル化し、住むという目的よりも、まず売ることを目的でつくられていきます。

「技能」と「技術」の違いは「技」に感性や勘を必要とするかしないかの違いです。感性などの感じるこころを必要とする技術はマニュアル化ができません。技術者を教育するには習得マニュアルがあれば十分ですが、技能者が育つには鍛錬と経験が必要です。

感性を必要とする大工、左官や建具職は技能者であって技術者ではないので、伝統的な日本家屋をつくってきた職人は、このような建築の現場からいなくなりました。

前出の建築デザイナー、カール・ベンクスさんはいいます。
「ギリシャ神話のアテナは知恵と芸術と技術の神だ。三つはもともと同じものだった。そしてこの三つをあわせ持っていたのが、日本の木造建築を作ってきた職人たちだった。棟梁たちは木材の質と癖を知り抜き、墨壺と差し金だけで家を建てることができた。その家は実に美しかった。今、建築家はもちろん、大工たちの多くは家の材料となる木がどう育ち、どういう性質かを知らない。知らなくても家が建つからだ。工場でプレカットした部材を組み立てるだけの家に特別の技術はいらない。今のままでは大工たちの仕事はなくなり、世界文化遺産ともいえる職人の技術は失われてしまう」

技術における分業社会が徹底されてきた現代では、建築においても仕事が細分化され、バラバラにつくられたパーツを集め、素人集団の組み立てによって住宅が建っていきます。こういう状態で多くの住宅がつくられているのを見ると、もはや「住宅は建築ではなくなった」ともいえるのではないかと思います。

そもそも、この「ｎＬＤＫ」型の住宅は、ヨーロッパの労働者住宅をモデルとして、戦後の住宅難の貧困時代の仮住まいとして開発された、夫婦と子どもだけの住まいであり、「一住宅＝一家族」の賃金労働者（サラリーマン）のための専用住宅であって、昔から日本でつくられてきた住宅とは似ても似つかない住宅なのです。

すこし景気が良くなった一九七一年頃から「住宅不足解消のための住宅供給」住宅政策は、「居住面積拡大という名の質（？）の向上をはかるとした、住宅建設による経済活動の活性化」へと大きく舵が切られました。

国は社会福祉政策として公共の「賃貸」住宅をつくるのではなく、住まいへの旺盛なニーズに対し、マイホームという「持ち家」を奨励する政策をとりました。各種住宅計画を主導しながら、「住居面積の拡大を通した質の向上」や、「一人一室」などといったスローガンで国民の意識を煽っていったのです。

今日の住宅政策においても、賃貸住宅はあくまでも「仮の住まい」であり、持ち家こそがあるべき「本来の住まい」なのだとする持ち家主義で貫かれています。この考え方は、住宅の購入者層を広げ、日本の高度成長を支える景気浮揚策としては有効で、新設住宅建設の拡大を重視する住宅産業の政策と結びつき、総住宅数が世帯数を上回るまで進展しました。

持ち家の取得は、自己の甲斐性においてすることが前提ですから、自らの力で実現しなければなりません。持ち家を取得する人たちの大半は、住宅ローンの債務を負います。

持ち家か、賃貸か、誰と、どこに住むか、どのようなライフスタイルがいいのかということは人生最大の決断を要します。賃貸住宅に住むとしてもそれなりの費用がかかります。しばしば賃貸住宅の家賃は「給料の三分の一まで」といわれたりもしますが、それほど大きな費用が住居費にかかるという考えが、当然のことのように思われました。

住宅ローンは生涯最大の負債であるにも関わらず、借家に住み家賃を支払うよりは、持ち家を取得してローン返済をする方が得策であると考えて、住宅の所有を選ぶ人たちが増えていきました。

持ち家は、自ら「住む」ためのものと、他人に貸して収入を得るために、あるいは投資を目的として取得します。マイホームとしての住宅は戸建住宅とマンションです。住むための家としては他に、持ち家でなく賃借して住む借家があります。

なぜ日本の住宅の寿命は短いのでしょう

木造の住宅について考察すると、日本では木造住宅の寿命は極端に短く、築後二〇〜二五年程度で市場価値がゼロとなる取り扱いが一般的となっています。

実際、今の日本では住宅の存続期間はわずか平均二七年といわれています。

世界と日本の住宅の平均使用年数にはいろいろな比較データがありますが、国交省の「滅失住宅の平均築後年数の国際比較」によると日本は二七年。これに対してアメリカは六七年と日本の倍以上、イギリスは八一年と約三倍です。

日本の住宅は木造一戸建てや鉄筋コンクリート造のマンションも含めて、建築されてから平均二七年で取り壊されていることを示しています。これは欧米諸国に比較して極端に短いのが特徴です。このことは日本の住宅政策の大きな問題点であり、日本の住宅の貧困性を物語っている表れだと思います。「減価償却」という言葉がありま す。減価償却とは、土地以外の取得原価をその使用する各期間に費用として計上し、固定資産の価値を減少させていく計算手続きのことです。

会計上、土地は年数が経過しても価値が下がらないが、建物は年数が経過するごとに価値が下がるという考え方です。減価償却資産は「法定耐用年数」によって定められています。一般的な木造住宅の法定耐用年数は二二年です。会計上（帳簿上）、二二年したら木建の価値はゼロになります。銀行は、木造建物の担保価値を築二〇年でゼロ円と評価しています。このように日本では住宅の価値が、竣工時に最高値を示し、年月とともに目減りするととらえ、二〇年もするとほぼ無価値と判断されているのです。

日本の木造住宅は紙と木でできているので地震や火事に弱く、その程度しか持たないとする考え方があるとしたら、それは大きな間違いであると思います。国が二二年しか持たないといっているのだから、それを過ぎるとあたかも建物の寿命が尽きるかのような錯覚が定着してしまいました。建築後二二年ほど経った家を取り壊すのになんの躊躇もしないという考えを正当化していることにもなりかねません。税法上の「減価償却」の考え方が、住宅を消費財的見方に誘導し、優先的に新築の販売を後押ししたのではないかと思わせます。

そもそも持ち家は土地とちがって、居住者自らの努力で無から生産した私有物であり、収益を生まない居住用の持ち家に、固定資産税という税金を課すのはなぜなのでしょうか、不思議に思います。

「法定耐用年数」の他に、「物理的耐用年数」や「経済的耐用年数」といったことばがあります。物理的耐用年数は建築に使われている部材や物理的な耐用年数で、工学的に判断されます。物理的な耐用年数はもっと長いにもかかわらず、多くの住宅が平均して二七年で取り壊されているのが現実です（参照：国土交通省住宅局「住宅政策を取り巻く状況」平成二二年七月五日、社会資本整備審議会資料）。

戸建住宅の短命化は良質な住宅づくりを阻害しているのと同時に、生活費における住居費の割合を大きくしている最大の原因であると思います。ではなぜ、日本の住宅の使用年数は短いのでしょうか。

まず、第一に考えられるのは、住宅の質が低いことです。戦後の日本は、質よりもとにかく量を確保するため、急ごしらえの劣悪な住宅が大量供給された時期がありました。現在でも、二七年程度で老朽化して住めなくなるような安普請の家をつくり続けてきており、日本人の多くが安普請の戸建てに住んでいて、なんの違和感も持っていないのが現状です。

このことにより、住宅のつくり手は、住宅は二七年間持てばいい、その間だけ雨漏りと耐震基準さえ守ればいい、内装はクレームの少ない仕様でいい、住み手の居住環境を考慮するとコストアップになるという考え方になります。

住宅の供給者も需給者もコスト重視の住宅をつくり続け、耐久年数を二七年程度で家を使いすてて、建てかえるというサイクルが一般化してしまいました。住宅は商品化し、電化製品は三年、車は五年、そして住宅は二七年という耐久消費財としてつくられるようになり、スクラップ&ビルドで日本の経済は発展してきたのでしょう。最近の木造住宅は、内部の柱などを全部覆い隠してしまう大壁造りになり、壁のなかは断熱材を充填するようになりました。

暖冷房をするのが普通になって、断熱性、気密性を高めることが求められてきたからです。しかし、家を密閉して暖房し、冷房することは、日本の気候条件の湿度の多さから、壁の中などに猛烈な結露が起こるようになりました。家の骨格はたちまち腐ってくる。これが家の短命化です。

小住宅はすべて画一化されたビニールクロスを張りめぐらした、閉塞的な箱でしかありません。環境問題を専門とするジャーナリスト・評論家の船瀬俊介氏は、ビニールクロスを家中の壁や天井、床にまで張りめぐらした住宅を「ビニールハウス」と称し、「日本人の九割は『ビニールハウス』に住んでいる。塩ビクロスこそ日本の住宅を腐らせる元凶だ。戦後の住宅はたちまち『腐る』。わずか二五年あまりしかもたない」と指摘しています。（参照：『日本の家はなぜ25年しかもたないのか？』）

第二に、ライフスタイルの変化に対応できる住宅をつくっていないということです。「ｎＬＤＫ」型住宅は、食寝分離、夫婦の寝室と子どもの部屋の独立により、個々のプライバシーを守るなど、小住宅における個室確保と個性の尊重を重視して計画されるものですが、建築当初から子ども室を確保する必要はあるのでしょうか。幼児は親とのスキンシップが大切で開放的な部屋を好むし、子どもに必要な個室はせいぜい思春期の一〇年くらいの間でしょう。そこに住む家族は絶えず変化し、それに伴って必要な部屋やスペースも違ってきます。

住宅はそうした空間要求の変化に適切に対応できるものでなければならないし、部屋の用途を変えたり、広く開け放ったり、小さく区切ったりできる柔軟性が必要なのです。

我国の伝統的な住宅は、襖や障子など軽い建具で仕切られていたから、ライフスタイルによって住み方を変えたり、襖を外して行事を行ったりなどして、時に応じて使い分けることができる柔軟性に富んだ使い方をしていました。また、家族構成によって、増改築も容易にでき、各世代にとっても都合よく永く住み続けることができました。

家族を個室という硬い殻に閉じ込めてしまう「ｎＬＤＫ」型住宅は、閉鎖的で柔軟性のない住宅です。そして、その家族だけのための短命な住居システムでできているのが問題なのです。

ライフスタイルや家族構成は必ず変化します。住宅は子どもの成長や独立、また家族構成の変化によって、使い勝手が悪くなった際の間取りの変更や増改築が必要になってきます。これまでのｎＬＤＫ型の洋風の小住宅は、プライバシーを重視した個室中心の間取りで、各個室の隔壁は壁構造でできているので、和風住宅のように容易に間取りの変更が難しい構造になっています。

箱型のコンパクトな住宅は増改築しづらく建て替えざるを得ないのです。洋服は体のサイズが変わると仕立て直しができない、買い替えなければなりません。

第三に、自分が住んでいる地域や住宅に愛着がもてないという現象です。自然と社会に対する住宅の閉鎖化であり、どの地域でも同じ住宅であるという画一化であり、さらに、かっての住宅にも見られた豊かな空間の消滅にあります。総じて、自然と社会との関係がすっぽり抜け落ちているのです。

自然を壊して人工的に整然と区画された団地での住まいや、都会の庭もない狭小な住まいでは自然とのつながりが薄く、幼い頃から自然と接する機会は少なく、物心ついてからは塾やお稽古事や受験勉強に明け暮れる身からすると、地域とのコミュニケーションもなく、ニュータウンも「故郷《ふるさと》」にはなり得ないのです。自分たちの住んでいた家や地域に特に愛着を感じないのは当然です。

住まいが二七年で取り壊されるということは、世代サイクルごとに住宅はつくり替えられているわけで、世代間のつながりが薄くなり、そして周辺の地域社会の人々と共に生きていたという記憶の場所が消滅するということでもあります。タテとヨコのつながりを失った社会は、住宅と都市環境の継続性を破壊してしまうのです。

現在の日本の都市における小住宅はほとんどがｎＬＤＫ型で、ｎＬＤＫが住宅の広さを示す表現基準にもなっています。時代につれて世の中の体制が変わり、生活スタイルが変わり、それによって住宅も変化していくのが当然の現象です。

それなのに、驚くべきことは国民生活が豊かになっても、この三四半世紀の間マンションや建売住宅は、ずっとこのスタイルでつくられ続けてきたのです。

今日、「一世帯一住宅」に住む核家族は核分裂を起こし、或は家族の内側から崩壊しようとしています。子どもが成長して家を出ていき、夫婦だけの生活になり、片方が欠ければ一人住まいになります。実際、東京二三区では単身者の割合は四九％にも及び、全世帯のほぼ半数が単身世帯です。「一世帯一住宅」という住宅は「一世代一住宅」となり、ｎＬＤＫ型の住居システムの効用は、現実的にはすでに終わりを告げています。

現在においても、わが国の住宅生産はこのような問題を持ちながら、劣悪な住宅のスクラップアンドビルド[*6]を繰り返し、世帯数を超えるそのストック数を増やし続けています。一般に、「住宅は資産」であるという考え方が強くあり、賃貸住宅で毎月多額の賃料を支払うよりも、住宅ローンで購入すれば、住宅ローン減税といった優遇措置も得られるなど様々な点で有利であり、ローンの支払いが終わったら自分の資産になるという考え方です。

高度成長時代は、住宅を購入した人に対して、大きな含み益をもたらすことになりました。インフレ経済により、住宅は売れば当たり前に利益を生みました。サラリーマンにとっても大事な資産形成の役割を果たしました。

しかし、よく考えてみれば住宅という建物は土地の上に存在しています。空中に浮いているわけではありません。住宅を上物と底地に分けて考えると、戦後の住宅つまり上物にはあまり価値があるとは思われません。住宅の資産とは土地の資産であったのです。

バブル期にマンションを含めて住宅の価格が上昇したのは、住宅（上物）の価値が上がったのではなく土地の価格が向上し、土地の売買が活発になり、土地を売るために、土地の上に立っている古い建物は無価値として、土地の価値だけで売買が行われてきたのです。社会がインフレの時代であれば、土地の価格の上昇で住宅所有はキャピタルゲイン効果[*7]があり、資産獲得の有効な手段でありました。しかし、バブルの破綻によって、住宅価格の急落が起きて、住宅は建った瞬間から物的価値と資産価値の双方を失い始めました。

土地価格の上昇のもとで含み益をともなっていた持ち家は、土地価格が下落に転じることで、含み損を増大させました。資産としての住宅の安全性は失われ、キャピタルゲインを生んでいた持ち家は、膨大なキャピタルロスを発生させていくことになります。

住宅ローンを利用する持ち家の取得は、ポストバブルの経済変化のなかで、その返済負担はより重く、マイホーム信仰は消えたのです。

＊1　VUCA（ブーカ）の時代
Volatility（変動性）、Uncertainty（不確実性）、Complexity（複雑性）、Ambiguity（曖昧性）の頭文字を取った造語。取り巻く社会環境の複雑性が増し、これまでの常識を覆すような社会変化が次々と起こる時代という意味で使われます。

＊2　デジタルトランスフォーメーション（DX）
企業が「顧客ニーズに沿う、顧客起点の価値創出」を組織全体で目指すものといった意味合いで用いられる。経済産業省は、二〇一八年に日本企業がDXを進める動きを加速す

べく、「DX推進ガイドライン」を発表した。DXを次のように定義している。「企業がビジネス環境の激しい変化に対応し、データとデジタル技術を活用して、顧客や社会のニーズを基に、製品やサービス、ビジネスモデルを変革するとともに、業務そのものや、組織、プロセス、企業文化、風土を変革し、競争上の優位性を確立すること」と詳細に定義している。DXの推進が求められる主な理由は、多くの企業において、既存のITシステムの老朽化、ブラックボックス化が起きていて、ビジネス環境の激しい変化に対して、新しい事業展開に対応できなくなっている。既存システムを使い続けている限り、これ以上の成長を見込むことは難しい。また、保守・運用のためのコストが大幅にかさむという問題があることを指摘している。

＊3

ジョブ型雇用

「ジョブ型」雇用とは、企業が人材を採用する際に勤務、勤務地、時間などの条件を明確に決めて雇用契約を結び、雇用される側はその契約の範囲内のみで働くという雇用システム。そのため別部署への異動、勤務はなく、昇給や降格も基本的にはない。それに対して、年功序列や終身雇用などが前提とされる日本企業において古くから採用されているシステムが、「メンバーシップ型」雇用という。ジョブ型雇用が「仕事に人をつける」雇用形態であるのに対して、「メンバーシップ型」雇用は「人に仕事をつける」という違いがある。

＊4 AGI（汎用人工知能）

AIよりも汎用性、自律性に富んだ人工知能の総称。Artificial General Intelligenceの頭文字を取って、AGIと呼ぶ。その名の通り、知能という概念をAIよりも包括的に捉えた人工知能で、現在のAIを特化型人工知能とすれば、AGIは汎用型人工知能である。現在では、AGIの実現はできていない。AGIはそう遠くない未来に実現されるといわれている。

＊5 ヴァルター・グロピウス（一八八三―一九六九）

モダニズムを代表するドイツの建築家。世界的に知られた学校である「バウハウス」の創立者。近代建築の四大巨匠（他にル・コルビュジエ、フランク・ロイド・ライト、ミース・ファン・デル・ローエがいる）の一人とされる。

＊6 スクラップアンドビルド

建物が古くなって建て替えること。日本では、建ってから取り壊されるまでの住宅の平均年数が二七年と、異常に短いことが問題とされている。

＊7　キャピタルゲインとキャピタルロス

保有している不動産を取得価格よりも高く売却譲渡した時に得られる利益を「キャピタルゲイン」、反対に取得価格よりも安く売却譲渡した時に損失を「キャピタルロス」という。また、資産を保有していることで、継続的に得られる収入（家賃収入）は「インカムゲイン」という。

第2章

日本的なもの・日本らしさ

「和の住まい」

西洋と日本の住宅のつくり方の違い

西洋の住宅のつくりと日本の住宅のつくりにはいろいろな違いがあります。根本的な違いは、家を建てる時に、各部屋の用途や機能を先に決めているかどうかにあります。

西洋の住宅は石や煉瓦で壁をつくり、あるいは木造の場合でも壁構造でつくりますから、壁をつくってから屋根をかけてつくるのが一般的な構法です。壁構造の家は、壁の構造で上階や屋根を支持していますので、簡単に壁の位置を変えることはできませんので、一定の機能を持った空間をあらかじめ予想してつくってゆくのが西洋流の住宅です。

したがって、西洋の住宅は居間や食堂や寝室などの各部屋の機能や間取りは、家を建てる時には既に決められています。もし、各部屋の用途や機能の変更をする場合は家全体の大改造が必要になります。

日本の伝統的な住宅、特に木造住宅は、壁でなく柱で上部を支える構造により柱をたてて屋根を先につくります。柱は畳寸法によるモジュールで配置されています。柱と柱の間の壁は少なく、柔らかな襖あるいは障子といった間仕切りによって区切り、とりわけ何の用途とは限定しない和室の空間が間取りなのです。

機能限定のない空間は、逆に、多能な機能に対応できる可能性を備えています。ふだんはそれを簡易に開放できる状態でつくります。間仕切りをとり去れば、柱と屋根だけの空間が残ります。間取りの変更や改築が容易にできて、新しい変化と条件に即応して変容していくことのできる自由さがあるのが日本の和室空間です。

また、日本の住宅は広い開口部を設けて自然に向かって開放し、家のなか全体が外の自然とつながりあっています。風も光も自然はその表情がそのまま家屋のなかに入り込み、人は家のなかに居ても自然の変化を共に感じています。

外との出入り口は玄関や勝手口の他に縁側など、どこからでも外に自由に出入りします。

日本の住宅のつくり方が内部的にも外部的にも開放的であり、西洋住宅の閉鎖的なつくりと大きな違いがあります。

日本の伝統的な住宅は、家全体が一つの空間でできているといっても過言ではありません。

和の空間は、建具をたて込めば小さな閉ざされた個室の空間をつくりだし、襖や障子を開け放つと大広間になるなど、折々の用途にあわせて一つの空間は仕切られたり、庭と一体になったり、さまざまに使い分けられます。いろいろな形と用途に融通無碍に変転する姿が和の住まいの妙味のひとつです。

このように自ら変わることで多様な機能を持つようにできているので、五つの行為をするのに、五つの部屋を用意しなければならないのが西洋流であるとすれば、一つの部屋で、五つの用途にすべてまかなうことができるのが日本流の住まいです。

同じ部屋が客間であり、食堂であり、寝室あるいは仕事場へとどんどん部屋の性質を変えることができます。また、大勢の寄り合いとか冠婚葬祭の時には、続きの部屋の間仕切りをはずして空間を広げることができるのです。それぞれにゆとりのある、いくつもの和室を持つことで日本の住まいは成り立っています。

また、日本の住宅は、寝室にベッドを置き、居間にソファーを置いて固定的に使用するのではなく、夜になれば布団を敷いて、朝になれば押入れに仕舞います。食事の時は、卓袱台やお膳を出して、食事が終わると折りたたんで片づける。和室は、談話室にもなり、食堂にもなり寝室にもなります。和室は、いつも「空」で、用なきところをつくりながら、実にシンプルに美しくつくり、自由に住みたいように住めるシステムを充実させてきたのです。

和室はいつも空っぽです。椅子はなく、必要なものは、必要に応じて押入れから取り出されます。すべてを取り去った空虚で静かな和の空間が、日本の住まいの魅力なのです。

詩人、翻訳家の加島祥造（一九二三〜二〇一五）の詩にこういうのがあります。

器は、かならず　なかが空っぽだ。
器は形でしかなく、　形のなかの
空間が役に立つ。
家は窓をつくり、　ドアをつけて、　部屋を作る。

部屋の空間が役に立つ。
ぎっしりつまっていたら。使いものにならない。
これで分かるように
ひとは物の形をたいせつにするけど、
本当は、なかの空っぽが役に立つのさ。

篠田桃紅が著書『その日の墨』で次のように書いています。

「室内という空間は、人が衣食住の用を足すところだから、主人はもちろん人間で、道具や家具や装飾は従者である。必要に応じて物入れから取り出して据え、好きなところに座を占め、客などもよろしき位置に座り、その日その時にかなったものを、壁にかけたり棚に置いたりする。そんな住生活の柔軟性が、日本には古くからあった。

それは一つの空間ですべての用を足すべく余儀された貧しさからきたものかもしれないが、一面また、どのような人手を加え得るぜいたくにも通じる。一応は便利に道具や家具が配置されても、それが固定化すると、物は主人を規制する」

住まいのプライバシー

西洋では、家は何よりもまず外の世界と内部の世界とを区別し、住居が外部に対して閉鎖的であり、外との出入り口は原則として一箇所しかありません。住居と庭のつながりはほとんどなく、室内も西洋では各個室は厚い壁と重い扉で仕切られ、個室のプライバシーが守られるようにできています。

戦後の日本は西洋の影響を受けて、夫婦は寝室で秘めやかに、子どもは個室で自立するという理由で、各部屋を厚い壁で囲いプライバシーを確保する「ｎＬＤＫ」という住宅をつくってきました。

ｎ個の個室は壁で隔離されているので、プライバシーが確保されていていいのだと理解され一般化しています。ところが壁のなかで育った子どもたちは、他者との距離の測り方を学ぶことができなくなり、家族とのコミュニケーションも希薄になり、日本人の大切にしてきた他者に対する思いやりや温かいこころを失っていきました。

子ども部屋や老人部屋はいらないという考え方もあります。幼児や高齢者は個室に閉じこもるよりも、人とのスキンシップが大切であるとの考え方です。思春期には個室がいいと思いますが、長い人生を考えるとほんの一時です。

家族のなかで個々のプライバシーは本当に必要なのかどうかは疑問に思います。日本には昔から家族団欒や家庭的雰囲気という言葉があるように、個人的なプライバシーを守るよりも集団生活を大事にしてきました。


日本座敷の囲いは、襖、紙障子といった「軽い障壁」がへだてとして機能していました。障子を閉め切った部屋の前を通る時、内の人の気配をふと感じ、その気配を察してふるまう、そこには、こころの優しい美学がありました。

厚い壁の鍵のかかった個室を必要としなくても、衝立、障子、襖だけの曖昧に仕切る意識のなかで、そこでの気遣い、心遣いによって、日本人独特の言葉にならない言葉でコミュニケーションがとれていて、相手のプライバシーを侵さない生活や文化がありました。

個室でのプライバシーは、日本の文化には、なんとなくなじまないのではないでしょうか。

人生の節目ふしめに合わせて柔軟に対応する「和の住まい」は、家族のコミュニケーションを最も大切にしてくれます。

日本の住まいは、人と人の関係、自然と人との関係などを極めて微妙に大切にし、日本人の美しい人間関係のあり方を映し出しているように思えます。障子やふすまは視線を遮りますが、影が見え物音がし、その向こう側の存在を気配として感じます。

格子のように視線が通る建具であっても、行動が遮られていれば仕切られたことになります。「しきり」によって、なんとなく感じられる「気配の美学」、仕切りの向こう側で起きていることを感じ取り、それが都合の悪いことであれば、しきりのこちら側では、聞かなかったこと、見なかったことにする。そうした暗黙の了解も、日本ならではの感覚です。

日本人には「見てはいけないものは見ない」「触れてはいけないものには触れない」、そして「してはいけないことはしない」という倫理観が強くあります。また、「人に迷惑をかけない」「恥ずかしいことはしない」という日本独特の文化がありました。

法律などの決まり事に従って行動する前に、深い倫理観や高い道徳観が大切であると考えてきました。「個の主張」よりも「和の精神」を大事にしてきたのです。

お互いに持ち合わせている「察する」「思いやる」という鋭い感性や、説明を聞く前に感じで理解するという理想的なコミュニケーションは、日本の「和の住まい」の伝統のなかで養われたものでしょう。

日本的な住まいの部屋はあまり限定的な使い方は少なく、誰でもが自由に使えます。いつも使われていないスペースやあいまいな空間もあります。

子どもが泣きたい時に、人に見られたくない時に泣くところや、誰かにわかってもらいたい、訴えたい時に泣けるところが、それぞれ用意されているのが和の住まいです。

泣きたい時はどこの場所で泣いたらいいかを教えてくれます。そこに家族のコミュニケーションが生まれているのです。

与えられた自分の個室にずっとこもっていて、泣きたい時に一人で泣きながら過ごしていると、自我が肥大化していき、自分中心の利己心が育っていきます。

日本人には、他者と私の間で近代的なプライバシー意識とは異なった、人間関係を大切に守る暗黙の人倫関係が存在していたと思います。こうした日本文化の伝統が根底にあればこそ、融通無碍な「和の空間」が可能になったのではないでしょうか。

美しい自然との共存

四季折々の季節の変化が、美しい日本の自然を粧っています。日本人は、春の花見、秋の月見をはじめ、さまざまな祭りや行事が今日までなお生き続けているように、日本人と自然とは極めて親密な関係にあり、日本人は自然の営みに寄り添って生きてきました。

外界の自然は恐るべき敵であるよりもむしろ親しみやすい友であり、人は家のなかから自然のなかへ、なんの抵抗もなく入り込んでいくのが好きです。そしてまた、住まいの庭に山川草木の自然を再現する戸建住宅を理想としてきました。

地域のさまざまな種類の高木や低木を植え、その内に池までもつくる日本の庭づくりは、何よりも天然のままの姿をそこに再現しようとします。自然や庭に対する日本人特有の思いは生活の根底に流れていて、借景という言葉もあるように、自分の家と自然との空間とが連続していないと満足できないのです。

それは単なる所有欲の問題ではなく、自然を崇め、人間のつくる建築はとうてい自然に及ばないと感じ、自然との共生を求める感情に日本人のこころは動かされているのでしょう。

田舎に住む人は自然に恵まれていますが、都市に住む人でも、戸建住宅を望み、猫の額ほどの庭であっても、草木を植えて自然と繋がった生活がしたいと願い、日本の美しい自然のなかで生活をすることに、憧れをもっている人が多いのではないでしょうか。

日本では外の世界と家のなかの世界とが接触しやすいように、開口部を大きく開き、暑いとか寒いといったことよりも、室内に山野の風が吹き通り、陽が差し込み、自然の恩恵をできるだけ享受しようとしました。

そして、絶えず自然に親しんで、四季折々の眺めが与えてくれる美的よろこびに浸って暮らすことが好ましいと考え、可能な限り自然と一体になって生活しようとします。

日本人は「何もない」部分に対して、何かを感じられる感覚や感性が豊かです。自然の気配や音にも敏感です。季節の変わり目の気配、雨の気配、雪の気配、嵐の気配、そして虫の声、鳥のさえずりのなかに日常の生活があります。

障子を開けて、木々のざわめきや風のながれを身に感じ、花の香りを嗅ぎ、小鳥の囀りを聞いていると、自然との一体感がこころにひびき、暑いとか寒いとかは些細なことであって、私たちは「美しい」「侘びしい」と感じる季節感に安らぎや落ち着きを覚えるのです。

日本の住まいが開放的であるというのは、家が木造でできていることにもよりますが、加えて日本の自然が四季の変化に富んでいてとても美しく、自然とのかかわりを大切にし、自然と共に生きることに大きなよろこびを見出してきたからだと思います。

それは、「うちの空間」（和室）と「そとの空間」（庭）に対する日本人特有の思いが、生活の根底に流れているからなのではないでしょうか。そのような内と外がとけあう「和の空間」が日本の住まいであり、このことにより和風住宅が強く求められる理由の一つであったのでしょう。

このように、日本の伝統的な和風住宅は、昔から自然との関わりを非常に大切にしてきました。自然を再現する庭は、古代から日本住宅に結びついており、「和室」という日本独自の住文化を生み出したのです。

日本人の自然との一体感は、戸外に出て自らを自然の流れのなかにおくことで成り立ちます。風の流れのなかに身をおき、梅の香りを愛で、ほととぎすの声を聞き、あるいは日光に身を曝して、はじめて自然との一体感がこころにひびきます。日本人の自然との接触は、聴覚、臭覚、触覚であり、桜の花や紅葉の美しさの視覚だけのことではなく全身的なのです。


昔から日本人の手紙は時候の挨拶から始まります。その時の自然の様子を述べることによって、人と人のこころが結ばれます。自然をたたえてこころをひとつにするのです。

吉田兼好は、徒然草に次のように述べています。

雪のおもしろう降《ふ》りたりし朝《あした》、人のがり言ふべき事ありて、文《ふみ》をやるとて、雪のこと何とも言はざりし返事《かへりこと》に、「この雪いかゞ見ると一筆《ひとふで》のたまはせぬほどの、ひが〳〵しからん人の仰《おほ》せらるゝ事、聞き入《い》るべきかは。返《かへ》す〴〵口をしき御心《みこゝろ》なり」と言ひたりしこそ、をかしかりしか。

今は亡《な》き人なれば、かばかりのことも忘れがたし。

（雪のおもしろう降りたりし朝、ある人の許にいうべきことがあって、この雪のことについて何も書かずに手紙を送りましたら、その返事に「今朝の雪はいかがであったか、どのように感じたか、などについて一言も書いてよこさないような無趣味な方のおっしゃることを、どうして聞き入れることができましょう。返すがへすも情けないあなたの気持ちでいらっしゃいます」といって寄こされたのには、至極もっともなことですばらしい手紙をいただいた。

今は亡くなられた方ですが、いつまでも忘れることができない）

（参照：徒然草　第三十一段）

戦後の都市住宅の貧困化は、このような日本の自然の豊かさや伝統文化の理念を忘れて、ひたすら西洋の文明に沿って住宅づくりを進めてきた結果であると思います。

日本人が戸建住宅を強く求めてきたのは、自然とのかかわりを大切にする日本の風土文化の特質にあり、その地域の風土と文化によって養われた多様性のなかで、豊かな空間、自然との融合、家族と社会のコミュニティを大切にしてつくられたものにあります。そのような豊かな家を日本の伝統的な住宅に見ることとできます。それが「和の住まい」です。

江戸時代に久隅守景（生没年不詳）という狩野派の絵師が庶民の暮らしを描いた「夕顔棚納涼図」という画があります。夕顔の咲く棚の下に莚を敷いて、貧しい夫婦と子とが、一日の仕事のあとの一時をたのしんでいる団欒図で、日本人にはこういう貧しくとも自然のなかに生きている喜びを味わい、自然と生を楽しむこころのあることを知ることができます。

伝統的な日本の家屋は、柱だけで壁が少ないからすべてが出入り口で、縁側に囲まれ、僅かに障子と雨戸によって外と区別される吹き抜けの家で、外部に開放されていました。

久隈守景「夕顔棚納涼図屏風」(東京国立博物館蔵)
©Alamy Stock Photo/amanaimages

日本人は、家と庭を壁で閉じて、窓から外的な自然を眺めることはしません。自分の座っているところが自然に向き合い自然と共存する自然の一部であることを願い、広縁や入側の内縁の続きに、家の中か外かというのはわからない、あいまいな空間として縁側というものを発明しました。

縁側は、内である部屋と外である庭とを、視覚的にも心理的にもつないでいるだり切り離したりしながら陽ざしに合わせて刻々と変わり、その四季の影が移ろう空間であります。家の呼吸に必要な空気を、外気の息吹を浄化して室内に誘導する空間でもあります。

また、座敷から内縁、外縁そして庭へと、内から外へ、静から動へと、また逆に庭から縁側への空間の波動のなかで、人と自然との共存が行われます。このように周囲の自然のなかに生活の触手を拡げることで、日本の和の空間は発展してきたのです。

住宅のなかのあいまいな空間は、濡れ縁[*1]や落縁[*2]と続きます。さらに外へと軒を深く出していきます。「縁」「軒」「庇」などの設えです。

縁と軒下の空間の両者は、庭からも室内からも使えます。縁側は家の者にとって、好きなところから庭に下りて、また上がればよい出入り口でもあります。

軒の空間を軒下または軒内といいます。面白いことに、家をつくる人は「軒下」といい、庭をつくる人は「軒内」といっています。

軒の空間は、外であり内でもある「あいまいな空間」なのです。ともあれ、そこには室内と外を完全に遮断してしまう壁がなく、縁側が代わって内外を結んでいるわけです。

室内外の中間に縁側をはさむために、内にあっては部屋の狭さをあまり感じないというゆとりの空間ともなります。日本人は、降りしきる雨の日も、蒸し暑い夏の日も、自然と共存する知恵として軒と縁という空間を生み出しました。長い軒があれば、ガラス戸や障子を開放しておいたままで外の風景を楽しむことができます。また、軒の下で風に吹かれての生活がことのほか魅力的であります。

外気の暑さ寒さは、深い軒と縁側を通って室内に入り、室内の空気は障子などの仕切りを通って徐々に外に抜けていきます。これは雨から建物を守るだけはなく、冬の暖かい陽射しを部屋の奥まで取り込み、夏の暑い陽射しをカットする働きもしていました。


日本の風土特有の異常な湿気の問題を避けては通れません。六月から九月にかけての日本の夏場は高温多湿で蒸し暑い夜が続きます。ことに蒸し暑い夏の季節では室を開放しておくことは不可欠です。「縁」「軒」「庇」は日本の住まいとして、強い陽ざし、大量の雨、湿気に対する巧妙にして簡単な気候調節装置でもありました。

健康的な住まいの環境

日本の伝統的な家屋の九〇%以上は木造建築です。よく日本の住宅は木と紙でできているといわれますが、確かに伝統的な木造建築の材料は「木」「土」「草」「紙」なのです。

木は柱や板材、土は土壁や漆喰、草は畳や竹材、紙は障子や襖です。これらの建築材料を用いて大工、左官、建具[*3]、経師[*4]、畳職人たちは長い経験と技術を用いて日本の住宅をつくってきました。

昔の人は、民家も町屋も一般住宅も燃えやすいといわれる木造住宅に住んでいました。それは日本の風土に関係があります。燃えやすいことを気にするよりも、異常な湿気対策が最も重要であり、四季折々の気候に合わせて、その内部に住みやすい環境、すなわち、室内気候をつくり、快適な住まいための工夫に意を尽くしてきたのです。

内装材の木、土壁、畳、障子、襖といった自然材は、湿気が多ければ吸収し、乾燥すれば湿気を吐き出す調湿機能を持っていますが、そればかりではなく有機材として加工したあともずっと生きている材料であり続け、有害物質などまったく排出しない優れものです。

たとえば、畳表の藺草《いぐさ》には空気浄化の機能として、大気汚染で問題とされる二酸化炭素を吸収する力があります。断熱効果もあり、藺草の茎は湿気を吸収するなどして室内を快適に保っています。それに肌触りがよく、見た目にも美しく、心地よい香りまで醸しだし、いつまでも人にやさしく反応します。

畳は呼吸しているので、通気性のある「和の住まい」で他の自然材と一緒に用いられることによって、より和室の良い環境で生きているのです。

マンションの一室に畳だけ敷いても、本来の畳の良さは生かされず、単なる敷物の一部でしかなく、畳が敷いているからといって和室というのは間違いなのです。

このように、高温多湿の日本にあって自然のままの材料の持ち味を生かした美しく健康な環境で、じとじとした蒸し暑い夏を過ごすには古来の木造住宅が最適だったのです。

現代の住宅の内装材は、石膏ボードの下地にビニールクロスの仕上げがほとんどです。内装材に自然素材を使うことはほとんどありません。また、断熱材を用いて、高気密・高断熱の住宅をつくり、季節を問わず空調設備などにより、住みやすい室内気候を実現するために人工的に気候調節を行うようになっています。気密性の高いサッシや断熱を用いた外壁で外部と遮断することによって密閉された住宅は、日本の風土に馴染むものではありません。

このように空調設備に管理された室内環境は、温度と湿度が調節されるだけで、音もなく、匂いもなく、コンスタントに流れる空気には爽快さはなく、通気性の悪いシェルターかカプセルのようなもので、人間の健康面から見てもいろいろと問題があります。

つまり、人間とか自然とか風土とかという特殊条件が見捨てられていくところに問題があるのではないでしょうか。住宅から自然が消えることは、これまで蓄積してきた私たちの文化や伝統を失うことであり、人々のイマジネーションをも貧困にしてしまうことになりかねません。

快適な住まいには、むしろ住宅を外部に開放にし、余計な機械にたよらず、夏の暑さをしのぎ、室内の湿気を防いで、結露を防止する内装の仕組みが必要です。

住宅を健康にして持続性を増し、耐用年数を長くすることこそが重要で、これこそが限られた資源を大事にし、無駄をなくするという意味で本当の省エネであると思います。

冷房や除湿の機器が発達し、その便利さは大いに享受してもよいでしょうが、電気仕掛けの風よりは自然の風の方がよりはるかに気持ちがいい。そうはいってもかなわなければ、団扇や扇子で起こす風も心地よいものです。

季節ごとの風の表情に向き合い、自然に対応しての暮らしのたて方を工夫した先人たちの生活文化を失うことは、寂しくて悲しいことです。

床の間と玄関の存在

戦後において、浜口ミホ氏（女性初の一級建築士）は著書『日本住宅の封建性』のなかで、社会体制が変わったから、住まいづくりも封建的な格式主義的な考えを捨て、欧米に倣った機能主義的な考え方に改めるべきだとして、「玄関という名前をやめよう」や「床の間追放論」などを提唱しました。

論旨は、玄関には人の出入という機能的な要素の他に、封建的な身分関係を示す格式的な要素が含まれているので、玄関という呼称をやめて「出入口」にしようという提案でした。また、「床の間は、家の人々よりも一段格の高い人のために客間に設けられ、家族のためのものではなく格式を重んじた封建的な装置である」として床の間を日本の家から追放すべしという論理でした。

当時このインパクトは強く、現在でもなお建売住宅や分譲マンションなどの住宅計画では、床面積の関係もあって玄関や床の間は軽視されています。

古来、日本の家屋は庭と緩やかにつながっています。道から石畳の小路を通って玄関に向かいます。外と内との中間領域に玄関があります。

玄関とは、玄妙《げんみょう》な道に入る入口であります。玄妙とは道理や技芸のさえが、奥深くてすぐれていることをいいますので、玄関は外と内の中間にあって、かすかに暗く人との出会いを大切にする最も重要な空間として設けられます。お客との出会いを豊かにする場であり、決して身分や格式を重んじる場所ではありません。

玄関で靴をぬぎ、履物を揃える、そうした一連の儀礼の作法は、住まいにおける日本人の住意識の基本なのです。薄暗い雰囲気のなかで、舞良戸《まいらど》に接して柔らかな紙障子があり、対人との出会いを大切にする意識表現にふさわしい空間、それが玄関なのです。

日本の家屋には勝手口とか縁側などいろいろな出入り口がありますが、玄関から入るのは正式な訪問を意味します。

玄関は外と内をゆるやかにつなぎ、広く豊かに設え、訪問客をやさしく迎える装置なのであり、また、住んでいる人の訪問客への初対面のハレの空間でもあります。

玄関にはほぼ六〇センチ幅の式台があり、敷居には障子や舞良戸の建具が入り、取次ぎの部屋に連なっています。玄関では式台と敷居が外の人の侵入を防ぎます。玄関に二〇〜三〇センチの段差を設けることよって空間をしきり、式台から上がれば、その人はたちまち内の人になります。それだけに、簡単には靴を脱いで敷居をまたぎ内部空間には入れません。拒否や禁止を無視して上がり込めば、明らかに家宅侵入罪になります。

不思議なことに、昔の家は、普段は鍵は掛かっておらず、玄関までは自由に入れて、許された者だけが座敷に上がれました。敷居という「しきり」から中が内で、外と区別されています。式台で外履きの履物を脱いで初めて家に入るのが、日本のしきたりでした。日本の家の内外は、「式台」や「敷居」で分けていたのです。ですから、「敷居を跨ぐ」とか「敷居が高い」という言葉は、物理的な段差だけでなく、意識にかかわる暗黙の了解になっているのです。

ちなみに、西洋の家には、式台や敷居にあたるものがありません。鍵を開けドアを開ければ、内部空間はたちまち外部空間に同化します。靴は脱がずに土足のまま、居間や食堂、寝室に向かいます。出入り口のドアは強固で、錠は頑丈にできています。

最近の住宅には庭がほとんどなく玄関が狭く、自然とのつながりが薄く、広い縁も深い軒もなくなってしまいました。屋根の見えないコンパクトで合理的な箱形の住宅が多くなり、日本らしい住まいがすっかり失われてしまいました。

「日本的なもの」として、日本の豊かな自然と日本人のこころを住宅のなかに、なんらかの形で、なんらかの意味で、「日本らしさ」を表現する場として床の間があります。

洋風化が進み、和室が消え、日本を象徴する自然と文化の融合も人のこころから消え去りました。時を同じくして、こころが落ち着く空間の機能もまた失われたように思われます。

床の間は、それなりの個人住宅にそなえていた私設美術館でもあります。芸術と自然の愛好がこの小さな空間によって演出されます。この床の間こそ、日本文化が世界に誇る最大の発明品であるといわれています。

日本の住まいには、自然に寄り添って、時の移ろいを感じるいろいろな装置がありますが、その家に住む人々にとって、最も大切な装置は和室における床の間ではないでしょうか。和室はシンプルでピュアな空間です。「飾ること」は床の間にしかできません。

床の間は、季節の節目ごとに諸々のものが飾られます。住まう人が四季折々の飾りをつけて楽しむ場所であり、それを通して心豊かな知識も高められる空間でもあるのです。

和の住まいには、純粋な美的空間として、また、客と共に楽しむ場として、さらに人々との絆を深める装置として床の間という空間が必要なのです。

日本の住空間は一つの舞台にたとえられるともいえます。なんの舞台になるかは、その時に演じられる家族共同体の情感によって決まります。そして、居住空間に連帯感が生まれ、和室は静寂な空間と、住む人のこころのみが占有します。

野の花によって季節の感じをだし、時節やこころを表現する掛軸によって住まいは豊かになります。儀礼の行事の時、あるいは訪問客によって随時変えられます。そのしつらえは、亭主の美的感性や客人に対するもてなしのこころで表現されるのです。

春や夏、秋や冬に、それぞれの季節の花鳥風月の掛軸によって四季折々の花鳥画が掛けられますので、床の間は日本人の美意識を表現する舞台でもあります。一年中それぞれの季節の絵がとても素晴らしく、それぞれの作品によって最高に楽しませてくれる場なのです。

私がいつも掛けている掛軸に渡辺省亭（一八五二〜一九一八、明治〜大正期の日本画家）の作品があります。

渡辺省亭の作品は二〇二一年三月二七日から東京藝術大学大学美術館で「欧米を魅了した花鳥画」として展覧会が催されました。その後、岡崎市美術博物館、佐野美術館（静岡）で開催されました。

東京藝術大学大学美術館古田亮教授は省亭作品について次のように述べています。

「床の間を飾る省亭の瀟洒な掛軸作品は、折々の花や鳥、行事や風物がごく身近なものとして描かれることによって、四季の移ろいとともに暮らす人々の日常を潤してきた。展覧会で大きさや派手さを競う表舞台に背を向けた省亭の絵画世界は、平凡であっても日常を大切にし、豊かにしたいと願う人々に愛された。そしてそれは、床の間が失われていく今日だからこそ、私たちの心を慰めてくれるものとして鮮やかに立ち現れてくることだろう」

（展覧会公式ガイドブックより）

床の間は単なる装飾空間ではなくて、精神的な意味を持つ神聖な空間なのでありますが、篠田桃紅さんは、床の間までも桃紅芸術のキャンバスにしてしまうのです。

「床の間の壁に一と刷毛の水を打つ、夏の風情として昔母が教えてくれたことである。水を含ませた刷毛を、上から下に、或いは斜めに空間を切って打つ。土の壁は飛沫を吸い込んで、水のハネのかたちに濡れる。

床の間から涼しさが湧くようなこのしつらえが私には気に入って、母が亡くなってからも毎夏折々、人を迎える直前などに壁打ち水を楽しんでいる。ふもとに一、二本の夏を挿すだけで軸物はかけない。へたな滝の絵なぞ掛けるよりずっといい。

草の穂を束ねたものなど使ってみるが、刷毛よりも水のハネのかたちが生き生きしてシミが深く乾きも遅いような気がする」（篠田桃紅著『墨いろ』より）

和風建築において数寄屋建築ともなれば、床の間は多種多様なデザインで、あらゆる細部の手法があり、和の住まいにより豊かな空間を創出することができます。

床の間にも「真」「行」「草」のスタイルがあります。床の間廻りに用いられる主要構成材は、基本的には、床柱《とこばしら》、落掛《おとしが》け、床框《とこがまち》、床板や床壁です。それぞれの構成によって、床の間の厳格さや穏やかな佇まいを形成することができ、同時にそのなかでいろいろな形式がつくられます。そして、各和室にそれぞれ変化のある床の間を設えることにより、和風空間はモダンにもなり、楽しいものにもなります。

ひとつの部屋を本床にしたら、他のひとつは龕破床《がんわりどこ》または洞床《ほらどこ》にし、あるいは室床《むろどこ》、袋床《ふくろどこ》、織部床《おりべどこ》、釣床《つりどこ》など、少々凝って原叟床《げんそうどこ》を試みるのもいいでしょう。たとい同じ本床の形式にしたとしても床まわりの材料をかえれば、まったく違う雰囲気の空間になります。

中野区松が丘の数寄屋の住まい松隠亭にはいろいろな種類の床の間が装置されています。

八畳茶室は本床で、床柱は桐、床框はイチイ、落掛けは春日杉、床板はリュウビン表敷です。

続きの間の六畳は洞床です。洞床は床の間の右側に袖壁をつけ、床柱や落掛けもなく上部を弓型にして塗りまわしています。床の内部は細かく刻んだ藁苆《わらすさ》を入れた浅黄土の大津壁で金ゴテの押さえで柔らかく仕上げているのが特徴です。

3畳台目の茶室の床の間「室床」

二階の七畳は竈破床です。床の内部の壁と天井はベンガラ色の大津磨き、床の板は黒（松煙墨《しょうえんぼく》）の大津磨きで仕上げています。

離れの三畳台目の茶室には室床で、この床の間は利休の待庵の写しです。

茶室には床の間はなくてはならないものであり、最も重要な装置とされています。茶室に席入りした時、まず床の間に、にじり進んで床飾りを拝見するということが行われます。床飾りを通して、客と亭主のこころのふれあいが結ばれます。床の間に掛けられている墨蹟などの掛軸や、花入れに活けられている季節の花などを拝見して、亭主の細やかな「もてなし」の心意気を感じとることが、茶事のはじめに行われる大切な所作なのです。

京都の妙喜庵《みょうきあん》に現存する最古の草庵茶室「待庵《たいあん》」があります。

利休茶室の遺構として国宝に指定されています。天正一〇年（一五八二年）の山崎の戦いのおり、秀吉の陣中に利休により建てられた茶室を移築したものと伝えられています。

この茶室の大きな特徴として床の間が挙げられています。二畳という狭小な空間に床の間の間口は四尺ほど、奥行二尺四寸ほどです。床の内部の壁や天井はすべて壁土で塗りまわした室床《むろどこ》の設えです。床は名物を飾る場所で、かけがえのない名幅をかける壁は張付壁《はりつけかべ》で土壁であってはならない時代でした。利休は「荒壁に掛物面白し」として、襖仕立ての張付壁を土壁にしたのです。壁土には藁苆をそのまま残した素朴な仕上げで、「侘び」のこころと、広さにゆとりを見せるために試みたものと考えられます。利休の創案は、伝統的な考えを破る大胆な作事で床の間の改革を行ったことからも知ることができます。

衣食住は自分のスタイルで

人が生きていくためには「衣食住」が必然です。「衣食住」のスタイルは時代によって変わります。昔の衣食住は「生きていくことに必要な三大要素」でしたが、現代の衣食住はそれとは異なってきています。

生活が豊かになった現在、衣食住はただ命をつなぐことの大切な要素だけではなく、生活の質、生きがい、満足度としての「QOL＝クオリティ・オブ・ライフ」[*5]が求められるようになっています。

現代では、「こころに余裕をもって、楽しく豊かに暮らすこと」が衣食住の概念となっていますが、現実には忙しくて時間に追われ、こころに余裕が持てなく、既製の流行りものの衣服を着て、スーパーやコンビニで出来合いの食材や惣菜を買って食し、マンションや建売住宅の画一的な住宅を購入して生活している、それが現状ではないでしょうか。

「衣食住」は「自己表現」として自分なりのものをつくることに楽しみがあり、出来合いの商品を買って楽しいと思うものではないということを意識したいと思います。

お金をかけてこだわることを道楽といいますが、衣食住についての道楽に「着道楽」「食い道楽」「普請道楽」という言葉があります。オシャレにこだわる、美味しい食べ物にこだわる、贅を尽くした住まいにこだわるということですが、こういうこだわりをもって生活をする人がだんだん少なくなりました。

日常の生活で、衣食住で関心が集まるのは衣と食の問題がほとんどです。しかし、住まいこそが人生において最大のテーマではないかと思います。本当に住みたい家はどういう家なのか、誰とどういう関係で住みたいのか、住宅に住むということはどういうことなのか、などについて真剣に考えることが必要なのではないでしょうか。そういう時代に来ていると思います。

「衣食足りて礼節を知る」という言葉がありますが、「住足りて礼節を知る」という感性が、住まいを考える上で最も大切なような気がします。「居は気を移す」という孟子の言葉があります。「よい住居に住めば、自然に気持ちも高尚になる」ということでしょう。

好感性に富み真に心豊かに住める住まいは、人の魂に快いリズムとこころに安らぎをもたらし、創造的で自由な生き方ができる人の感性によい影響を与えます。

吉田兼好も徒然草で述べています。

家居《いえい》のつきづきしく、あらまほしきこそ、仮の宿りとは思へと、興あるものなれ。

よき人の、のどやかに住みなしたる所は、さし入りたる月の色も、一きはしみじみと見ゆるぞかし。今めかしく、きららかならねど、木立もの古りて、わざとならぬ庭の草も心あるさまに、簀子《すのこ》・透垣《すいがい》のたよりをかしく、うちある調度も昔覚えてやすらかなるこそ、心にくしと見ゆれ。

（住まいが、住む人に相応しく、申し分なくできているのは、この世における仮の宿とは思うが、面白く興味を誘われるものである。

立派な人が、のどかな様子で住んでいる所は、さしこんでくる月光の色も、格別にしみじみと美しく見えるものです。現代風でなく、また華美に飾ってはいないが、木立は何となく時代がついており、特に手を加えたとも見えぬ庭前の草も趣ある様子で、簀子・透垣とのつづき具合がおもしろくできていて、家の中に備えてある道具類も古風なもので、落ち着きのあるのは、奥ゆかしいと思われる）

（参照：徒然草　第一〇段）

戦後の衣食住で大きく変わったのは、洋風化です。現代の衣食住がすっかり西洋風に染まりきっていて、それが当たり前の生活になってしまっています。誰もが洋服を着て、洋食を食べて、洋風の家に住んでいます。

住まいが洋風化になって、もう一つ変わったのは、自然に対する感じ方と考え方です。

都会にはだんだんと庭がなくなってきました。庭のスペースほとんどが駐車場です。例えば車三台分のスペースあったとしても庭にしないで、すべて駐車場にしてしまいます（二台分は貸駐車場など）。マンションの専用庭にも樹木を植えなくなりました。上の階の住民から虫が来るとか、鳥がきてバルコニーに糞をして迷惑だという苦情が来るからだといいます。

道路に面する庭に柿の木を植えたら、いっぱい柿の実がなりました。通りがかりの人が頂いていいですか、というからどうぞといいました。木の上の方はどうして採らないのですか、採って差し上げましょうかとおっしゃるから、鳥にあげるのですといったら不思議な顔をされました。

毎日新聞の「スズメとツバメが減少している」という記事です。（二〇二一・一二・一五）

野鳥の国勢調査ともいわれる「全国鳥類繁殖分布調査」で、スズメは一九九〇年代より三四％減、ツバメは約四〇％減ったことを公表しています。

スズメ減少の理由を研究している北海道教育大学三上教授によると、

「スズメが生息するには巣づくりに適した場所があることと、餌が十分あることが必要です。まず巣づくりでは、住宅の軒下や瓦屋根の隙間など、敵が侵入しにくいところが選ばれます。しかし最近は、真四角で軒がなかったり、屋根に継ぎ目がなかったりする住宅が増えています。また、農地の減少に加え、住宅地に近い空き地や雑木林、お寺や神社などにあった緑地が減って、主に食べる植物の種や虫を確保しづらくなっているようです。スズメの行動範囲は巣から一〇〇メートルと広くありません。巣づくりに適していて、餌も取りやすいという、二つの条件がそろった場所が減ってきているのでしょう。ツバメも民家の軒下に巣をつくり、農地など開けた緑地で虫などを食べるので、住みづらくなっている状況はスズメと似ています」とのことです。

また三上さんは、

「今回の調査をきっかけに、身近な自然が失われていることに気づいてほしい」と話しています。

現代の住宅は、鳥は害鳥で虫は害虫という考え方で、自然を完全にシャットアウトした箱型の閉鎖的な住まいでできています。

このような住まいを見ていると、日本は変わってしまったなあとつくづく思います。

重森三玲（一八九六〜一九七五、日本の作庭家・日本庭園史の研究家）は、「自然を自覚し、自然の中に生きることを最高の幸福と考えた人びとは、より大きくより高度に、より深く自然の中に生きようとする自覚を捨てなかったのであった。それはやがて自然を住生活の中に再現して楽しむ自覚に発達し、自然のあるものを、住生活の中に取り入れようと努力した」と述べています。

このような精神が私たち日本人から徐々に消えていくのが心配です。

日本の住まいは、外に対して開放的につくられていて、日常的な生活のなかで、自然的なもの、美的なものに非常にこだわりを持っています。また、季節感にも敏感です。日本の文化は、豊かな四季のなかで息づいてきました。日本人は、和服、和食、和室などすべてが自然と結びついていて、自然に彩られた「和の世界」を大切にしてきました。

衣も食も住も自然と一体であり、自然によって生命が与えられているという考えが日本の文化です。松尾芭蕉（一六四四〜一六九四、江戸時代の俳諧師）の俳諧紀行

『笈の小文』に「造化にしたがい四時を友とす……像花にあらざる時は夷狄《いてき》にひとし」つまり、自然を愛さないものは野蛮人であるといっています。

文化人の和に対する思い

「逝きし和の住まい」をもう一度取り戻したいと考えている者にとって、文化人の方々の「和」に対する強い思いの言葉に接するとうれしくなります。衣食住のそれぞれの意見について少し長い引用ですがご紹介いたします。

篠田桃紅さんの「和服」についての想いが伝わります。

「着物と洋服、ヒトの体を包むということは同じ。非常に違うのは着物は包むのよ。洋服は入れるのよ。かたちの決まったものの中に生身の人間が入っていくのよ。

それは大きな違い。物と人の間柄の違いね。着物は人間に対して非常に謙虚。洋服は人間を規制している。私の中に入りなさい。私はこれ以上大きくも小さくもなりません。着物はどんなに太っても痩せても、同じ一枚で済むじゃない。私は人間が主人である着物のほうが好きなの。洋服は従わなければならない。それがイヤなの。イヤというより情けないのね」（『これでおしまい』より）

建築家の内井昭蔵さん（一九三三〜二〇〇二）は、著書『健康な建築』のなかで「和」の美が日本の日常生活から失っていることを憂いています。

「日常は洋服を着て、洋風の家に住み、洋風化された食事をとっているのにも関わらず、私たち日本人は、和服の良さ、和室の良さ、和食に対する限りない郷愁をもっている。

しかし、今の日本人にとって『和風』は非日常化してしまった。これらの和風生活をするには莫大な費用がかかる。冠婚葬祭といったときから、あるいは、高級料亭にでも行かなければ『和風』に接することができないのである。あげくの果てに、日本人の女性の大部分は一人で着物を着ることができない。和食にしても、正式なものを一般家庭で作ることは不可能となった。建築空間も同様である。和風建築は木造であり、庭が完備しなければ成り立たない。用いられる材料は高級で、庭も手入れなど手間がかかる。それに広さを維持すること等、よほどの財をなした人でなければ不可能なことである。それにもかかわらず、多くの日本人の潜在意識の中には日本的なものを深く求めているのだ。それなのに、なぜ日本的なものが非日常化し、高級なものになってしまったのか」

篆刻家、画家、陶芸家、書道家、漆芸家、料理家・美食家など様々な顔を持つ北大路魯山人さん（一八八三〜一九五九）は、著書『料理天国』のなかで、「和食」料理の美意識について次のように述べています。

「簡単に言って、料理とは単に舌先だけで味わうものでなく、また弄ぶものでもない。耳から、目から、鼻からと、様々な感覚を動員して、『美』と『味』の調和を楽しむものだと思う。色どり、盛り方、取合せ、材料の良否と、みな『美』と深い関連性をもって考慮されます。栄養の効果という点からも『美』は見逃せない役割を担っています。『味』のことばかりを言って、その背後にある『美』の影響力に無頓着なのが、言って悪いが当代の料理人、料理研究所あたりの大方ではないでしょうか。

料理を心底から楽しむ人は、まず第一に、料理の風情に重きを置き、環境を楽しみ、大切にいたします。食道楽の『楽』は、ここに至って始めて一人前といえましょう。食通とても同じことです。少し極端な言い方かも知れませんが、料理に『美』を求めぬ人は、当てがい扶持に満足する犬猫と同じだと言っても差し支えないでしょう。

人々によって、もちろん楽しみの高さ低さは異なりましょう。従って、見解の相違もおのずから生じもしましょうが、なろうことなら、志を高くもって、料理を味わい、人間を高くしたいものです」

料理において尊ぶ美感というものは、絵とか、建築とか、天然の美というものとまったく同じであり、美術の美も料理の美もその元は同じである。ということかも知れません。

日本料理は基本的にはまず、自然の素材をそのまま盛りつけ、それをどう混ぜ合わせて食べるかは、その人の選択と主体性に任されています。素材は口のなかでそれぞれの調味によって混じり合い、その人の好みによってそれぞれ味付けされます。

味もさることながら、まず、目で堪能する。素材の色や、形の組み合わせに配慮して、しつらわれていることが日本料理の妙味であると述べられていることは、日本の「和の住まい」の姿そのものです。

伝統的な「和」の文化が失われていく

日本人の生活は、「自然と美」の上に成り立っています。日本人の美への心配りが、日常生活のさまざまなものに表れています。俳句も、和食も、和服も、和室も季節感のもとに生まれます。私たちは自然と、一体になって生きてきたのです。

美に対する日本人の日常的な心配りが新年の祝いにも表れています。新年には屠蘇と雑煮、そしておせち料理がつきものです。

おせち料理には、正月三日間は料理をしない、という意味もあって、味の濃い保存のきくものを大量に用意して雑煮とともに食べ続けるものでした。家事から解放され、家族、親類縁者がゆっくりと交流するところに正月の楽しさがあったのです。

なぜ、そういう習慣が日本から消えてしまったのでしょうか。

それは家のつくり様にあります。戦後の貧しい家に住み続けてきたことにより、そこでの住まいが一般化してしまい、人を自宅に招く習慣がなくなってしまったのでしょう。

お金をたくさん持っている人も含めてほとんどの人の住まいが、他人を招待できるような家づくりになっていないのが現状ではないでしょうか。

日本では誰かと会食するといえば、ホテルのレストランや料理屋での外食のことです。自宅で食事会や結婚披露宴などする人はもうほとんどおりません。つまり、現代の日本の今の住まいは、自宅で友人たちと親しく交流する場ではなくなってしまっているのです。

これからは、いろいろな季節の行事や冠婚葬祭も住宅に取り戻したい、みんなで自宅での家庭料理を楽しみたい、そういう住み方ができる「和の住まい」に住みたいと思います。

「調理家電が進化を遂げ、スーパーには冷凍食品や惣菜が大量に並び、コンビニ・弁当店・宅配が繁盛し、共働き家族が当たり前となった高度文明社会で、母親の手づくり料理を家族一緒に食べるべき、などという議論はもはや意味を失っているのだ、と旧世代の人間は気づく必要がある」と書かれた本があります。かっての封建的な家族生活（例えば男性は台所に入るべからずというような）の否定を主張していることだろうと思いますが、今では男性も結構料理づくりを楽しんでいます。

専業主婦でないと料理づくりは無理だという意見もありますが、そういう考え方は昔の話で、もともと料理店を覗いてごらんなさい、料理人はほとんどが男性です。なんといいましても家庭で料理をつくる良さは、料理の素材選びにあります。旬な食材の選び方は男性が得意としています。

海外で日本料理が非常に盛んになっているのに、国内では伝統的食文化が崩壊していて、日本料理の調理を学ぼうとする人が激減しているのは非常に残念なことです。「和食」が、二〇一三年にユネスコ無形文化遺産に登録されました。

一般の理解は、「寿司」や「刺身」「天ぷら」などの日本料理一般が評価されたように思われているかもしれません。しかし、無形文化遺産に登録された理由は、「和食」が「日本の伝統的な食文化」として評価されたこと、その貴重な食文化が日本で失われつつある（絶滅の危機に瀕している）こと、それを保護する必要があるという判断からです。

その背景には、日本の食を取りまく生活環境が大きく変わってきたことがあります。戦後の日本は、経済発展とともに食生活は大変に豊かになりましたが、同時に「食」の洋食化が進むなど、日本の伝統的な和食文化は、日常生活から消えていく寸前になっていることが指摘されています。

例えば、家庭の食卓から一汁三菜がなくなりつつあります。一汁三菜とは、「ごはん」に「おみそ汁」に三種の「おかず」です。三種のおかずは、主菜一品（肉または魚類）と副主菜二品（野菜や根菜類などの煮物、おしんこなどの漬物）です。

次に、正月などの年中行事や地域の催事などの季節料理や郷土料理が家庭から消えていきました。年の暮れにはお餅をつき、正月にはお屠蘇とおせち料理などもそうです。

また、旬な食材の料理、季節にあった調度品や美しい器での盛り付け料理、箸で食事する楽しい共食などもすたれてきています。

日本の伝統的な食文化である「和食」がだんだん消えていくということは、豊かな日本の自然の恵みに感謝する気持ちの喪失の現れであり、家族で食卓を囲む共食、年中行事としての食文化や、地域コミュニケーション場での絆を深める食文化の習慣が消えていくことです。つまり、「日本の伝統文化」や「日本らしさ」が失われていくという現象でもあります。「和食・日本伝統的な食文化」の無形文化遺産の登録は、そのことを警告してくれているのでしょう。

（参照：農林水産省資料　「和食：日本人の伝統的な食文化」）

農林水産省が、ユネスコ無形文化遺産の登録申請に際して「和食」を次のように説明しています。

南北に長く、四季が明確な日本には多様で豊かな自然があり、そこで生まれた食文化もまた、これに寄り添うように育まれてきました。

このような、「自然を尊ぶ」という日本人の気質に基づいた「食」に関する「習わし」を「和食：日本人の伝統的な食文化」と題して、ユネスコ無形文化遺産に登録されました。

「和食」の四つの特徴

(1) 多用で新鮮な食材とその持ち味の尊重＝日本国土は南北に長く、海、山、里と表情豊かな自然が広がっているため、各地で地域に根差した多様な食材が用いられています。また、素材の味わいを活かす調理技術・調理道具が発達しています。

(2) 健康的な食生活を支える栄養バランス＝一汁三菜を基本とする日本の食事スタイルは理想的な栄養バランスといわれています。また、「うま味」を上手に使うということによって動物性油脂の少ない食生活を実現しており、日本人の長寿や肥満防止に役立っています。

(3) 自然の美しさや季節の移ろいの表現＝食事の場で、自然の美しさや四季の移ろいを表現することも特徴のひとつです。季節の花や葉などで料理を飾りつけたり、季節に合った調度品や器を利用したりして、季節を楽しみます。

(4) 正月などの年中行事と密接な関わり＝日本の食文化は、年中行事と密に関わって育まれてきました。自然の恵みである「食」を分け合い、食の時間を共にすることで、家族や地域の絆を深めてきました。

ユネスコ無形文化遺産の「登録名称」

「和食：日本人の伝統的な食文化」―正月を例として―

「和食」は食の生産から加工、準備及び消費に至るまでの技術や知識、実践や伝統に係る包括的な社会的慣習である。これは、資源の持続的な利用と密接に関係している「自然の尊重」という本質的な精神に因んでいる。「和食」は生活の一部として、また年中行事とも関連して発展し、人と自然的・社会的環境の関係性の変化に応じて常に再構築されてきた。


「衣服一代、家居二代、飲食三代」という言葉があります。着るものの柄や色やデザインはその時代の好みや流行によってどんどん変わっていきます。それを選ぶセンスは一代でのもので、「馬子にも衣裳」なんて言葉もあるように、だれにでもいい着物を着せますと、簡単に化けることができます。中身はともかく、いい着物を着せればたいていの人はきれいに見えるものです。しかし、和服となるとそうはいきません。和服を着こなす人は、親譲りの着物の諸々の知識が備わっていないと難しいものがあります。和装で座敷の暮らしをしなくなれば、正座ができなくなり膝が閉じられなくなります。和服での生活は、二代は続かないと無理ですね。家はどうでしょう。本当に住み心地のいい家は二代ではなく、三代続かないと本当の良さがわからないといいます。人間は、親や子、孫のタテの繋がり、自然や地域とのヨコの繋がりの社会環境によって自己形成が育まれていきます。人々が住む住まいの本当の快適さはどこにあるのでしょうか。それは、長い歴史のなかで培われた精神性において持続する文化のなかにあり、現代の物質文明に頼った合理性の社会には存在するものではないと思います。「文明は文化を破壊する」ともいわれています。だとすれば、現代の文明の技術を駆使してつくられる合理的な一世代限りの住宅づくりには問題があります。住宅は二世代、三世代の持続する伝統的な技術文化のなかでつくらなければなりません。そして、飲食三代、これは三代かからないと本当にその家庭に定着した味は生まれません。その地域で採れる食材、その地域の独特な料理の仕方、その料理に馴染んだ舌で味わう触覚を持つ体質。それらが、その土地の食の伝統が日本の「和食」の世界をつくってきたのでしょう。

つまり衣食住の文化というのは、このように営々と築き上げていく必要のあるものではないでしょうか。そして、その単位は一〇〇年ではないでしょうか。

生活文化の見直しで快適な住まいを

終戦から三四半世紀が経ちました。戦後生まれの人も、古希、喜寿の齢を過ぎました。

これらの人々はそれぞれの人生のなかでいろいろなことを経験し、いろいろな知識を持っています。そしてこれから傘寿、米寿、卒寿、白寿、そして一〇〇歳の紀寿を迎えようとしています。一〇〇年は一世紀であり、日本人の寿命は年々伸びています。

この歴史を振り返ってみますと、戦後の窮乏生活を耐え、その後の高度経済成長期を経て、現在はグローバリゼーションという洋風化による衣食住を中心として、日本の生活様式は大きな変化を遂げてきました。

しかし、この時代に生きてきた人たちは、経済優先の競争社会のなかで無我夢中で働き続けてきましたが、本当に幸せであったのでしょうか。

今まで歴史の流れに流されて、「ゆく河の流れは絶えずして、しかも、もとの水にあらず。よどみに浮かぶうたかたは、かつ消え、かつ結びて、久しくとどまりたる例なし。世の中にある、人の栖と、またかくのごとし」として生きてきました。

イギリスの歴史家トーマス・マコーリー卿（一八〇〇～一八五九）の言葉を借りれば、「贅沢と赤貧は知ったが、快適さを知らなかった」とのことです。これはまさしく日本の姿なのではないでしょうか。

しかし今はどうでしょう、ＩＴ革命などの文明社会のなかの競争社会にあって、「今だけ、金だけ、自分だけ」に夢中になっていて、こころのゆとりを失っている人が多く見られます。

今、グローバル化と近代化の波に、日本の伝統的な生活文化が破壊されていることへの批判が高まり、人間が自然と和解し、共に生かしあうことを可能にする文化が再認識されてきています。生活における信仰、礼儀、行事、家事、趣味、芸能などの「形式と内容」、「かたち」と「こころ」によって示されるあらゆる生活文化の見直しです。そしてそれは、住まいや庭、そして室内における生活に潤いをもたらす美しい芸術文化の装置であります。

何よりも日本人は世界のグローバル化や西欧文化にとらわれることなく、「日本的なもの」の考え方で、住み手が参加して自らの住まいをつくらなければならないと思います。

華道や茶道を嗜むしつらえ、音楽や映像を楽しむ空間があれば住まいは楽しいものになります。それぞれの趣味を生かした生活、その生活に必要な豊かなスペースの住まいづくりが求められます。これからは趣味を生かしながら自宅で仕事ができる時代になります。例えば、茶花に興味を持ったとしましょう。茶花は季節ごとに床の間に飾られ、季節の変化を楽しみます。茶花の主なものは次のようなものです。

一月、蠟梅、水仙。二月、梅、椿。三月、枝垂柳、まんさく、猫柳、藪椿、片栗。四月、雪柳、土佐水木、山吹、貝母。五月、空木、山紫陽花、延齢草、しゃが、海老根蘭、都忘れ、菖蒲、杜若、ちご百合。六月、山紫陽花、ほたるぶくろ、おかとらのお、鳴子百合、京鹿子、柿蘭、下野、笹百合。七月、河原撫子、唐松草、伊吹虎尾、金水引、松本仙翁、檜扇。八月、山吹升麻、松虫草、沢桔梗、秋海棠、山不如帰。九月、山萩、桔梗、すすき、水引、吾亦紅、秋の麒麟草、秋明菊。十月、竜胆、ほととぎす、藤袴、野路菊。十一月、石蕗、白侘助。十二月、南天……などです。

茶花というのは、茶室に活ける花をいいますが、ほとんどが山野草です。「花は野にあるように」というのは千利休の教えでありますが、野原に咲いているそのままの眺めを再現することではないのです。「あるように」ということは、「あるままに」ではないのです。

つまり、その花が咲いていた状態を感じさせる姿に活けるということであり、咲いている状態を再現することではありません。つぼみのほころび具合とか、花の向き、枝ぶり、葉の付き方、その色や形、色つやなどから茶花に使えるものは限られてきます。そのへんの道端に咲いている草花をむしってきて生けるわけにはいかないのです。

これは一つの例でありますが、そのようなことを楽しむ装置というか空間が住まいのなかにあれば日常の生活が楽しいものになります。利休の有名なエピソードとして、「利休あさがをの茶の湯」の話が茶書『茶話指月集』のなかにあります。

「利休の庭に朝顔が見事に咲いていると、ある人が秀吉に申し上げました。それでは見に行こうと秀吉公は朝に茶会に出かけられましたが、庭には朝顔の花は一枚もありませんでしたので、たいへん不機嫌になられました。さて小座敷に入られますと、色あざやかな朝顔が一輪、床に生けられておりました。秀吉公はじめお供の人たちは目の覚める思いがして、利休は大変なお褒めにあずかりました。これを世に『利休朝顔の茶湯』と申し伝えています」

この話は、花の華やかな美しさを求めて茶を楽しもうとした秀吉に対して、かたちよりも一段と花の美しさを味わうために、路地に咲いている自然の花よりも、床の間に一輪の花をおくことによって、自然そのままの花とそれを愛でる人のこころとを重ね合わせて感得するのが、茶の湯における花であるとしています。つまり、茶の湯の真髄が精神的な深みにあるとした利休の意識を示すものではないでしょうか。

北大路魯山人は「花は足で生ける」というエッセイで次のように述べています。

花は足で生けるとは、いつの昔、誰がいったか、実にうまいことをいったものである。しかし、これを口にするものは少ない。かってある人に話したら、早合点したのがおもしろい。足の先で花を蹴っ飛ばして花入れに投げ込むような無造作をいうのかと、と思ったというのである。

花は足で生けるとは、そんな乱暴なことをいうのではない。足で山野に花をあされというのである。生花をするほどの者は、絶えずこの心を唯一の金科玉条としなくてはならぬ。

東京のような都会では、花屋で作り花を買うのも仕方がないが、それでも足で生ける心を忘れてはならない。都会の人間は、生花用の花を花屋で買うのは当然と心得ている。秋の七草にしても、花屋でなくば手に入らぬもののように心得ている。それも花屋まで出かけて、花を見立てるのならまだしもだが、電話で万事足りるとして、花屋のおあてがいを不思議とせずして生花を賞玩している。それがあたりまえとなっていることは、心ある者から見てまことに情けない。実の花を知らない花の鑑賞家であるといいたくなる。

およそ生花を生けるほどの者は、自然美を知らなくてはならぬ。花を生けて楽しむことは、自然を愛することだ。人工で出来た家屋は、いかに善美をつくしても、足りないものがある。建築もよい、掛かっている書画もよい。並べられた器物もよいとして、さてそれだけでは、室内は人間をしっとり落ち着かさない。それは全部が人工美だからである。自然が加わっていないからである。だから庭の木を眺めようとする。庭に石が入用となる。要するに庭の風致によって、人工でつくされた善美と調和をとろうとする。

しかし、冬の日など障子を閉め切ったときには、庭の風致は眺められない。その時に室内にある者は自然美と没交渉になる。そうなって来ると、いよいよ花とか、盆栽とか、生きた自然が加わらなくては、人間の美の欲求を充たすことが出来ない。

この際、日本座敷だとさしずめ花のおさまる場所は床の間である。今日床の間に必ず花を生ける風習の存する理由は、そんなわけからである。床の間にいい掛物がかかればかかるほど、いい花を必要とする。掛物が名幅であっても、生花なしでは部屋が干涸らびて納まりがつかぬ。掛物がなくても、掛物の代わりに、床の壁のまん中に中釘を打ち、それに花器をかけて花を生ける時は、それで立派に部屋は落ち着く。一輪の花の美しさが名幅の代わりを兼ねて、いかに重要な役目を室内で果たしているかがわかる。

それと反対に、雪舟の名幅が床にかかっていても、もし自然の花を室内から失ったら、その部屋の美しさの調和を欠く。そこで人工美に比較して、いかに自然が尊いか、いかに自然が美しいかがわかるであろう。だから生花をするほどの者は、自然美を知らなくてはならぬ。自然美がわかって後、止むに止まれなくて、切花を部屋に生けるのが真の生花である。

野に咲く野菊を見て一向に美しさを感ぜず、庭の籬風に倒れて乱れ咲く寂びた菊の風情を見て、一向に感ぜずというようなことでは、いい生花の出来得ようはずがない。

（北大路魯山人著『魯山人の真髄』より）

＊1　濡れ縁（ぬれえん）
家屋の外側に設けられる雨ざらしの縁側。ふつうの縁側は長手方向に縁板を張るが、濡れ縁では縁直角方向に張ることが多い。「縁」「雨縁」ともいう。

＊2　落縁（おちえん）

建物の外回りにつくられる縁で、座敷や縁よりもさらに低く設けられたもの。

＊3　建具（たてぐ）

木製の戸・障子・襖など開閉して部屋を仕切るものの総称。建具をつくる職人を建具屋というが、主に木製の戸・障子を製作する。

＊4　経師（きょうじ）

建築では、障子・襖などに紙や布を張るほか、屏風や衝立などの建具全体をつくる職人で、経師屋とも表具師ともいう。主に襖の製作や障子の紙張りを行う。

＊5　QOL＝クオリティ・オブ・ライフ

一般に、一人ひとりの人生の内容の質や社会的に見た「生活の質」のことを指し、ある人がどれだけ人間らしい生活や自分らしい生活を送り、人生に幸福を見出しているか、ということを尺度としてとらえる概念。

第3章

木造住宅のつくり方

木造住宅の構法

日本の木造住宅の構法は、大きく次の三つのグループに分けることができます。

一番目は、主に民家や町屋などの伝統木造構法です。明治維新までは、日本の木造住宅はほぼすべて、「伝統構法」すなわち軸組構法によって建てられていました。

二番目は、現在の戸建の木造住宅の構法です。在来軸組構法、いわゆる「在来構法」です。在来構法という呼び方は、もともと日本にあった構法ということからつけられました。

三番目は、枠組壁工法（ツーバイフォー工法）、「プレハブパネル構法」です。この構法は基本的には柱を持たない、壁を主体とした構法です、いわゆる「壁構法」です。日本の伝統的な木造建築には柱があります。柱のある構法を「軸組構法」と呼んでいます。「構法」（「工法」ともいう）は、建物のつくり方という意味で、軸組構法といえば柱と梁からなる軸組という構造方法でつくられているものをいいます。

伝統構法と在来構法とは同じ軸組構法ですが、現在では伝統構法で住宅を建築することはほとんどできなくなっています。それは木造住宅における地震や風の外力に対する耐震性能の考え方に基づくもので、伝統構法には筋違《すじかい》がありません。

戦前の建物は、大正八年に定められた「市街地建築物法」の定めによるもので、それ以前は木造住宅には建築規制がありませんでした。大正一二年に関東大地震が発生し、その翌年に市街地建築物法の改正で耐震関係の基準が追加され、初めて筋違の設置の義務が付与されましたが、市街地つまり大都市におけるもので数量などに定めはありません。

昭和二五年に建築基準法が制定され、これに伴い市街地建築物法は廃止されました。この建築基準法により、ほぼすべての木造建築に筋違と金物の使用が義務づけられることになりました。床面積に応じて必要な筋違など「壁量規定」が定められ、床面積当たりの必要な壁の長さや、軸組の種類・倍率が定義されました。

建物が、地震力や風圧力に抵抗する仕組みの構造で主なものに、ラーメン構造、トラス構造、壁構造があります。

日常会話で「ラーメン」といえば、中華そばのことですが、ドイツ語では額縁という意味です。

「ラーメン構造」は、鉄筋コンクリート造や鉄骨造のビルではごくありふれたものです。

このラーメンという構造形式は、柱と梁からなる構造で、しかも、その柱と梁とが剛に（がっちりと）接合されているものです。つまり、柱と梁の角度は普通は直角ですが、骨組みが、なんらかの力が受けた時もこの角度が直角のままであるような構造です。

「トラス構造」は三本の部材を三角形に組み合わせてつくられた形で、その交点を剛にした接合ではなく、滑節（ピン接合）になっていて、形が崩れないように利用した構造形式です。住宅では筋違がこの原理を利用しています。

「壁構造」は、柱がなくても薄い板を組み合わせて箱のようにすれば、強い構造になります。現在の木造住宅の耐震設計では、「耐力壁」によって、地震に抵抗することを基準にしています。耐力壁としては、軸組に筋違を組み込んだものか、あるいは合板などの面材などを張ったものが代表的なものです。

伝統構法の復活が住まいを蘇らせる

伝統的木造といえば、主としてユネスコの世界遺産に登録された白川郷・五箇山の合掌造りや、国の重要文化財に指定されている、岩手県南部領地方の曲り家などを代表とする民家のことをいいます。これらの民家は、その形態から「農家」と「町屋」に大別されます。

民家とは、地域の独特の気候や風土のなかで、養蚕や畜産などのその地方の産業とともに生活する場として特有の形態があり、地域の大工や農民が地域の材料を使ってつくられてきたものです。したがって、それぞれの地域によって多様な特徴を持っています。

民家は、一般的には江戸時代にほぼ形式が完成した近世の住居のことをいいますが、社寺建築と異なるのは、建築の規模の違いは勿論ですが、社寺建築は神さまや仏さまが住む場所であり、民家は人が住むための住居であるというところに大きな違いがあります。

伝統的木造の構法には個別な特性で存在しており、一律に扱えない難しさもあります。

伝統的木造住宅は伝統構法でつくられていて在来構法と区分されています。伝統構法の構造形式は、主として太い柱を貫《ぬき》や長押《なげし》で固定した軸組構造で、柱と梁の接合には、貫などによる伝統的な仕口《しくち》で構成され、構造用の金物や筋違を用いていないのが

白川郷

曲り家

特徴です。

柱に貫を通して軸組を固めようとした場合、柱と梁ががっちり組み合わさっていなくてはなりません。貫を柱に通した後、このすきまに「楔」という細長い三角形の木片を打ち込みます。これで柱と梁の接合は固められ一種のラーメン構造になります。しかし、これらの接合部は木造が有機物であるがゆえに、「半剛節」という剛節でも滑節でもない中間的なものにしかなり得ないのが特徴です。半剛節は挙動が複雑であるため、力学的なモデルが難しく、地震のような水平力が作用した時に、力学的な解析によって、その抵抗力を簡単には推測することも困難であるといわれています。

伝統構法は、そもそも現代のように、水平力に対する構造計画というはっきりした概念がなくつくられてきました。

日本の各地には、その地域に根差した民家の構法がありました。構法の基本はもちろん柱と梁で構成される軸組ですが、その軸組を固めるのに、柱に横材を突きさすのを特徴としています。すなわち、現代のように筋違ではなく、貫や差鴨居《さしがもい》を使っています。

貫や土壁といった構造要素で水平力に抵抗できているという評価は、社寺建築では現在でも健在ですが、一般の木造住宅では、筋違が普及した結果、貫などは構造材としての役割よりも壁を仕上げる下地材になっています。

一九五〇年の建築基準法制定で、ほぼすべての木造建築に筋違が義務づけられましたので、それ以降の建物は残念ながら、基本的には伝統構法で建築することはできなくなりました。伝統構法による木造建築の新築が建築基準法に嫌われたのです。日本の木造建築は長い歴史のなかで大工、棟梁の経験と勘でつくられてきました。そういうものは力学的解析ができていない、耐震性について工学的な証明ができていないという理由からです。

しかし、伝統構法は明治時代に入って筋違が使われるようになるまで何百年もの間、日本の木造建築の軸組を固め、地震や風による水平力に抵抗してきた事実があります。西欧から来た筋違のように無理やり軸組を固めなくても、貫や土壁、柱の傾斜復元など柔らかく粘りのある軸組みで、架構全体で高い構造性能を発揮しているともいわれてきました。地震などで大きく変形した時に総持ちで抵抗できる能力についての詳細については、その歴史的な経緯や研究などが諸々の理由により進展せず解明されていないのです。

今後、研究開発により伝統構法を現代の木造建築にもいかそうという試みもあります。


日本人が、日本古来の木造建築に拘るのにはそれなりの理由があります。日本の伝統文化と西洋の近代文明の違いです。例えば、伝統構法でつくられた家屋の内部には壁は少なく、柱だけが要所に立つのみで、室内は襖や障子などの可動間仕切りで区画され、建具を取り外せば室内は大きな空間となります。これは湿気の多い日本の自然環境において、風通しの良い快適な室内空間をつくるための方策で、長い歴史のなかで培われたものでしょう。

また、木造が鉄筋コンクリート造や鉄骨造とちがうのは、その構造材料である木がもともと自然のままの材料であること、木はなるべく「自然」のままで使うのがいいという思いがあります。二次加工した木材である集成材などに対する根強い抵抗感を持っています。

伝統構法は柱や梁を露出する軸組構造です。木の素材そのものを見せることによってその家の価値が問われます。小屋組みにも無垢の丸太や曲がり材などが使用されます。

伝統構法で現存する住宅は、昔の大地主などの家を指している場合が多く、それらの家は、太い大黒柱や梁などを使っており、当時の一般庶民の住宅より遥かに高価な家です。

住宅のつくりについて、日本の良い自然素材を使い、西洋文明に侵されることなく、日本の風土や自然環境に意を尽くしてつくられたものは、伝統建築であろうと在来構法であろうと地震にも強く何百年も長持ちするものです。

伝統的な構法で住宅をつくるとした場合、木材は樹齢八〇年から一〇〇年以上の木を使います。木は切られたあとも樹齢と同じ年数を生きているといわれているからです。

柱や梁は木材の優れた特性を生かし無垢のまま使います。壁は竹または木小舞下地の土壁でつくり、柱を露出した真壁とします。

壁にビニールクロスなどの新建材は一切使いません。これらでつくられた住宅は長寿であり、解体された後も、木も壁土も再利用できます。有害な物質でつくらない、有害なゴミを出さないなど、将来的にも重要な意味を持っています。むしろこれからの構法といってもよいでしょう。

建築デザイナーのカール・ベンクスさんは、江戸時代に建てられた茅葺の廃家を土地付きで購入し、その古民家を再生して十日町市竹所集落に住んでいます。カールさんは、江戸時代の古民家は素晴らしく、その価値は柱や梁や小屋組みの木材にあるといいます。カールさんは古民家の再生はリフォームではなく、古民家の骨組みは一度バラして無垢な木材の骨組みを再利用し、全国に六〇件ほどの古民家を蘇らせています。

建築費の単価は大手の住宅建築費と同じくらいかかりますが、一五〇年以上の古民家の木材はまだ生きており、その太い柱や曲がった梁の小屋組みを露出して美しく見せるところに、現在の住宅に勝る価値があるといいます。

また、カール・ベンクスは次のようにも述べています。

日本の風景から昔の民家が消えつつあることに気が付いたのはいつのことであろう。私が初めて日本に来た一九六〇年代は、各地にまだ趣のある民家が残っていた。日本の経済成長に伴って古い民家が壊され、建物がどんどん新しくなっていった。バブル経済のあと、古民家を探しに再び湯沢を訪れたとき、街並みはすっかり変わっていた。おもちゃのような建物が立ち並んでいるのをみて、ひどくがっかりした。

昔は家もその土地の材でできていた。近くの山から伐りだした木を使った民家は、その地域の気候と風土によくなじむ。たとえば新潟の樹木は雪の厳しい自然で育っているため、目が詰まって堅い。雪の重みで曲がって育った木は、曲がり梁や鉄砲梁といったアーチ型の丈夫な構造をつくった。つまり、雪国は雪のおかげで雪の重みに耐える頑丈な家を建てることができたのだ。だから民家は地域の気候風土と結びついて、土地ごとに違う顔を持っていた。

雪国なら雪がすべり落ちるような急カーブを描き、柱や梁は雪の重みに耐えるために太くした。こんなにすばらしい財産をまだ十分使えるうちになぜ壊してしまうのか。本当に信じられなかった。今でも不思議で仕方がない。

初めて伝統建築の柱や梁、桁を組み合わせてつなぐ仕口や継手を見たとき、その精巧なつくりに目を見張った。複雑に刻まれた木と木が最後は一ミリの狂いもなくピタッと収まる。パズルのようなその仕組み。まるでマジックのようだった。私が日本の木造建築を世界最高と見なすのは、まずこの驚くべく技術にある。

それは単に複雑でしっかり結合しているだけでなく、地震のときはきしんだりねばったりして揺れを吸収する。古い家が地震に弱いというのは間違いだ。二〇〇四年と〇七年に中越地方を襲った二度の大地震で倒壊した多くは、戦後に建てられた木造住宅だった。

そのとき、私は古民家を再生した自宅のリビングに座っていた。震度五か六のすごい揺れだったが、棚の上の瓶は倒れず、被害はほとんどなかった。地震にも驚いたが、伝統建築の強さにはもっと驚かされた。

伝統建築のすぐれた点をあげたらきりがない。茅葺きや土壁といった自然素材は湿気と温度に応じて呼吸し、住む者に快適さとやすらぎを与えてくれる。無垢の木材は接着剤を使う集成材やクロスと違って化学物質を出さないから健康にいい。何度でも使えて経済的だし環境にもやさしい。

何よりも建築物の強度を支える柱や梁の木組み自体がこのうえなく美しい。構造そのものがデザインになっている。手斧梁の削り跡や藁縄で縛った屋根裏は何度眺めても見飽きない。欄間の透かし彫りなどは一級の芸術だ。

それがいつの間にか私たちの前から姿を消した。だから私は会う人ごとに繰り返し尋ねてきた。なぜ宝石を捨てて砂利を拾うのですか？（『古民家の四季』より）

在来軸組構法はどんどん進化を続けている

現在、一般に建てられている木造建築の構法（工法ともいう）は、在来構法とか在来軸組構法と呼ばれているもので、柱と梁などの部材で建物を支えるという点で、日本古来の伝統構法の流れをくむものですが、筋違の入った壁や構造用合板などの面材を張った耐力壁により、地震や風などの水平に作用する外力に対して抵抗する軸組構造です。

日本の木造住宅のストックは約三〇〇〇万棟ですが、その九割は在来軸組構法でつくられています。伝統構法との大きな違いは、家の剛性を高めるために、筋違と呼ばれる斜材を入れることです。筋違の使用が一九五〇年の建築基準法の制定以来、ほぼすべての木造建築に使用が義務付けられることになりました。

現在、平屋と二階建ての木造住宅の耐震設計は、ほぼすべて「壁量計算」によって行われています。鉄筋コンクリートや鉄骨造では、構造計算という力学的な計算をしますが、木造住宅では力学的な計算のかわりにこの壁量計算をします。力学的な値を使わず、床の面積や壁の長さだけで、耐震設計できるという意味では、一種の便宜的な方法です。ただし、ここ数年来、筋違を入れることに関して変化がおこってきました。筋違のかわりに、合板などの面材（ボード類）を採用した住宅が増えてきたのです。

在来軸組構法の生産技術は施工の合理化によりどんどん進化していますが、その大きな変化は、「継手」や「仕口」の加工を機械で行う「プレカット」の普及です。従来は大工さんが現場で、接合部の位置を墨付けし、ノコギリやノミで穴を開けたりホゾをつくったりしていましたが、現在ではプレカットによる自動加工が主流になりました。

新築される木造住宅のなかで、ほぼ九割近くが機械制御により工場で加工された部材である「プレカット材」が占めています。

プレカットというのは大工が下小屋で木材を手加工するのではなくて、木材の加工は工場で行い、現場では加工（プレカット）材を組み立てる方式なので、軸組部材の加工に大工職人の高度な技術や技能を必要としなくなり、大工職人の仕事にも変化が生じました。

プレカット材での建方《たてかた》は建築知識の持たない未熟練工によってもできる工事であり、建築知識が必要な造作や内装工事は、熟練の職人が行うというような分業が始まっています。特に住宅メーカーにおいては、建方のみを専門に行う請負業者や専門業者が出現してきています。つまり、住宅は大工さんがつくるものではなくなってきたのです。

さらに、プレカットの技術は非常に高度化していきます。営業マンがつくった平面図と立面図があれば、プレカット機械をコントロールするパソコンにそのデータを入力することにより、自動的に軸組図が作成され、そのデータにより、自動的に継手・

仕口が刻まれ、その住宅の柱や梁などの構造材が自動的に加工されます。また、構造材だけでなく建具の枠材などの造作材もプレカットされるようになっています。

最も進んだシステムでは、プレカット加工やパネル化に伴って、ＣＡＤ（コンピュータ支援設計）とＣＡＭ（コンピュータ支援製造）を連動させた設計方針が進んで、構造部材に関しては材料の必要量のみならず、住宅の構造計算まで同時に行うことまでできるようになっています。また、生産や受注業務の合理化を図ったり、具体的な構法やノウハウを提供したり、さらには新しい技術の普及などにも活用されていきます。

そうしたシステムにより、プレカットメーカーはコンピュータのデータにより、柱や梁の軸組や小屋組みなどの部材ごとの構成図面や、構造面でのチェックも含めてすべてを把握できるようになります。この状況のなかで軸組の架構方法や加工も少しずつ変化し、機械化しやすい接合部の形状や加工ラインに乗りやすい材料が使われるようになっていきます。

また、このようなコンピュータ制御による製造工程においては、できるだけ「くるい」の生じにくい部材が必要になります。無垢の木材は気候変動や木材の乾燥状態によって、寸法が微妙に変化「木痩せ」するので扱いづらく、これに変わる部材として集成材が開発されていきます。集成材は無垢材に比べて安く、また乾燥収縮による狂いが少なく、材料的にも強度の異なる性質の材料を接着することで、無垢材以上の強度を確保できるなどの利点もあり、現代の木造住宅に不可欠なものとなりました。

集成材には柱や梁などの構造に使う「構造用集成材」と、内装や家具などに使う「造作用集成材」があります。最近、木質製品で大きく変わってきたのは「ＥＷ」（エンジニアードウッド）といわれる構造用集成材の出現です。ＥＷとは強度性能が工学的に保証された木質建材のことをいいます。

二〇〇〇年に建設省告示で接手・仕口の仕様に金物補強の使用が規定されました。これは材木を仕口加工して接続する際に、必ず性能認定品の金物で補強しなければならないという規定です。このように、在来構法では欠損部分の弱さを補うために、接手や仕口で木を組んで外側に金物で補強しますが、構造材を切り欠いて行う接合に変わりはありません。

仕口はさらに進化します。構造材を欠くのではなく、ボルト用の穴をあけたりスリットを入れたりするだけで、その仕口そのものを金物に置き換えるのです。接手に

集成材及び金物使用の軸組（市川邸）

ついても同様です。この構法を「金物構法」といいます。

金物構法では接合部の強度は全面的に金物に依存するので、強力な接合金物を用いることと、ボルト孔が変形したり金物の緩みを生じさせたりしない、構造用集成材が必然です。

木材を削る代わりに金物を使うことで、在来構法の複雑な加工は必要なくなり、断面欠損が少ないことで強い構造体になります。耐震への信頼度が高いことと現場での工期短縮の利点から普及がすすんでいます。

金物構法では、一般的な在来軸組構法との差別化のために、構造計算されるこ

郵便はがき

料金受取人払郵便

新宿局承認

7553

差出有効期間
2024年1月
31日まで
（切手不要）

1608791

141

東京都新宿区新宿1－10－1

（株）文芸社

愛読者カード係 行

ふりがな お名前		明治 大正 昭和 平成	年生
ふりがな ご住所	□□□-□□□□		性別 男・
お電話 番　号	（書籍ご注文の際に必要です）	ご職業	
E-mail			
ご購読雑誌（複数可）		ご購読新聞	新

最近読んでおもしろかった本や今後、とりあげてほしいテーマをお教えください。

ご自分の研究成果や経験、お考え等を出版してみたいというお気持ちはありますか。

ある　　ない　　内容・テーマ（　　）

現在完成した作品をお持ちですか。

ある　　ない　　ジャンル・原稿量（　　）

名			
上 店	都道 府県　　　　市区 郡	書店名	書店
		ご購入日	年　月　日

をどこでお知りになりましたか?

書店店頭　2.知人にすすめられて　3.インターネット(サイト名　　　)

DMハガキ　5.広告、記事を見て(新聞、雑誌名　　　)

質問に関連して、ご購入の決め手となったのは?

タイトル　2.著者　3.内容　4.カバーデザイン　5.帯

の他ご自由にお書きください。

(　　　)

書についてのご意見、ご感想をお聞かせください。

内容について

カバー、タイトル、帯について

弊社Webサイトからもご意見、ご感想をお寄せいただけます。

協力ありがとうございました。

お寄せいただいたご意見、ご感想は新聞広告等で匿名にて使わせていただくことがあります。

お客様の個人情報は、小社からの連絡のみに使用します。社外に提供することは一切ありません。

書籍のご注文は、お近くの書店または、ブックサービス(0120-29-9625)、セブンネットショッピング(http://7net.omni7.jp/)にお申し込み下さい。

とも多いのですが、本当に計算通りの強度性能を木材が持っているかどうかということが問題としてあります。

このように、在来軸組構法は単に材料だけでなく、構法そのものが他の構法の影響を受けて、さまざまな形に進化し続け、実質的にプレハブパネル構法との差がだんだん少なくなってきました。さらに、木造と他の構造との融合である混構造も増え、今後ますます在来軸組構法は進化を続け、在来構法とはかけ離れた状況になりつつあります。そのうち在来構法という言葉もなくなるでしょう。

また、住宅は工場での製作が重要な役割を担い、災害に強い機能的で合理的な箱形の製品としてつくられていきます。住み手の見えないところでつくられ、商品化していくことから、住宅はもはや建築ではなくなったといえるのではないでしょうか。

軸組構法のほかに壁式構法があります

軸組構法は柱や軸組が荷重や外力を支えるのに対して、壁式構法は壁全体が一体となって荷重や外力を支えます。壁式構法には枠組壁工法とプレハブパネル構法があります。

「枠組壁工法」はツーバイフォーとも呼ばれますが、もともと北米の構法で一九七四年に日本に導入されたものです。断面が壁では二インチ×四インチの枠材に構造用合板を釘で打ち付け、床（プラットフォーム）で、二インチ×六〜一〇インチのプレカットの規格木材と構造用合板で構造体を形成し、組み立てる構法が特徴です。

二インチ×六〜一〇インチのプレカットの規格木材は、製材所で大径の丸太を複数の鋸でトコロテンのように、何本もの木材を一緒に製材して規格製品化したものです。同時にプレーナー（切削加工）で表面加工します。

ツーバイフォー工法は、日本の軸組構法のように熟練した職人の技によらず、すべての材を一定のマニュアルにより釘打ちしてつくるため、工賃の安い非熟練者でも施工できる特徴があります。枠組壁工法においても、工場で生産した床やパネルを現場で組み立てるといった手法がとられるものもあります。

プレハブパネル構法は工場で製造された床・壁・屋根パネルを現場で組み立てるもので、パネル同士を接着して一体化するところが大きな特徴です。

戸建住宅には、木質系のほかに、商品化されたプレハブに鉄網系やコンクリート系の住宅があります。

鉄網系のプレハブ住宅は、柱・梁が鉄骨でこれにブレースを入れたもので、コンクリート系のプレハブ住宅は、基本的には、鉄筋コンクリートのパネルを工場でつくってきて、現場で組み立てられるものです。

木造住宅の耐用年数と長寿化

人生五〇年といわれてきた日本人の平均寿命は、今や八〇年を超えるほどに延びましたが、日本の建築は、特に住宅の寿命は逆に短くなったようです。今日、日本の世帯数は約三〇〇〇万戸で、住宅生産は年間約一五〇万戸に近いという不思議な現象もあります。

主な先進諸国の住宅の寿命はイギリス一四一年、アメリカ一〇三年、フランス八六年、ドイツ七九年、日本三〇年となっており、日本の住宅の寿命が極端に短いのがわかります。

日本の住宅寿命が先進国のなかでダントツに短いというのは、日本の住宅がいかに貧困であるかを示している証でもあります。

国は、戦後の住宅難に耐久性を犠牲にして、安普請の住宅を大量に供給する住宅政策をとりました。経済的発展を遂げたあとも住宅業界はコスト重視の住宅をつくり続け、耐久年数を三〇年程度で家を建て替えるというサイクルが一般化してしまいました。

日本の住宅政策で、一九九八年に木造の住宅用法定耐用年数を二四年からさらに短く二二年に改正したことや、住宅が短期間で取り壊して建て替える「スクラップアンドビルド」を繰り返している現状になんの対策もとられていない状況を見ると、住宅の住み手よりも目先の日本の経済の進展を優先しているのではないかと思われます。

戦後復興期や高度成長期に建った住宅の多くは性能が低く、「築二二年で無価値」と判断されているのには、財務省令の木造の法定耐用年数を二二年と定めていることが大きく影響しているといわれています。

法定耐用年数は単に企業会計上の償却年数に過ぎませんが、使用限界と誤解されることが多く、「古家付き土地」として扱われ、築二十数年で建物価値は無価値と査定する業界慣行につながったようです。

つまり日本では建物はいずれ無価値になるという前提に立つから、メンテナンスはしない、だから古い家はどんどん価値が下がるという悪循環に陥っているのです。

短期間で住み替えることを前提とした住まいは、あくまでも仮の住まいであり、住み替えるごとに資産が殖えるなどの土地の神話に惑わされて、住まいに愛着を持つことも地域とのつながりも失っていきます。

不動産市場は、三五年住宅ローンや共働きのペアローンなどで新築住宅の購入の促進を煽りますが、次時代の社会の変化は大きくうねり、短命な高額の住宅資産は重い負動産になりかねません。土地の神話は、経済の低成長時代になってとっくに消滅しているのです。

世帯数の約三〇〇〇万戸に対して、主たる世帯がいまの住宅に住み続けて住宅を維持する期間を四〇年間とすれば、住宅の年間生産量は七五万戸でよいことになります。また、住宅の寿命を人の寿命と同じにすれば年間の住宅生産量は三八万戸でもよく、住宅生産量は現在の四分の一の減少になります。

八〇年から一〇〇年の長寿住宅は、親子や孫の三世代の住処であり、当然一代限りの仮住まいではありません。無垢な木材や土壁などの良質な建材を用いた住宅で、時間をかけて大工と相談しながら二世代間でゆっくりつくる豊かな家です。

このように住宅の寿命が延びると住宅産業や住宅関連産業はかなり淘汰され、日本の社会経済は大きく失速する可能性があります。これには抵抗が多く実現は無理でしょう。

日本では長寿住宅を目指すにはかなり難しい問題であると思います。住宅の長寿化は本物の住宅を求める人や、資産家の有識者によって徐々に進められていくものと思われます。

現在の住宅生産市場を見ると、住宅の供給の担い手は、地場の大工や工務店から大手住宅専門業者に移り、工務店が建て主から直に請負う住宅の件数が年間数棟に対して、大手の住宅メーカーのトップクラスは、年間一兆円を超えるほどの売上であるのが現実なのです。


この二〇年間に、在来構法はどんどん進化して、これまでの伝統構法はすっかり壊されてきました。現在、いろんな耐震、耐火性能に関する工学的な技術は進んでいますが、住宅の耐用年数についてはどなたも真剣に議論をしていません。特に耐久性を検証するには大変な時間が必要です。現在の進化し続ける在来構法はまさに実験段階にあると考えられます。

木材に接着剤を使用するようになったのは最近のことであり、木材の耐用年数の間、接着剤が有効にその効果を発揮できるかどうか、集成材を構成している各部材が異なる力学的性状を有しているので、使用環境によりそれらの差が接着面に作用した場合、接着効果が保持されるかどうか、結露により木材が水分を吸収した際や、木材が劣化により材質が変質した際の接着面の接着力に対する保証も確たるものはありません。

また、軸組の構造体のなかのジョイントに金物が多用されているけれども、金物に結露が生じないかどうか、あるいは金物が先に錆びることもあります。それをどう交換するのかという時に、構造体そのものを全部いじらないと交換できないという問題もあります。

現在の在来軸組構法の壁は多くの場合、柱は外からは見えません。このような壁のつくり方を「大壁」と呼びます。これに対して柱が露出しているのを「真壁」といいます。

大壁にすると、壁の骨組みである木材が下地材や仕上げ材で覆われて壁厚が大きくなるから、真壁に比べて太い筋違や構造用面材を取り付けやすく、建物の耐震性能を高めやすいのと同時に、建物の耐火性能、さらには遮音性や断熱性も確保しやすいなどのメリットがあるので、現在の在来軸組構法では大壁が主流になっています。

ところが、この大壁はいわば構造体を密閉する構造であるから、柱や土台が腐ったりシロアリに喰われたりしても、なかなか気がつきにくいので壁の下地や仕上げをはがしてみない限り、内部の木材の様子を把握することが難しい欠点があります。

なぜ昔の大工が大壁を一般住宅に取り入れなかったかというと、やはり中が見えないからであり、劣化が確認できる真壁で柱を表に出す、という判断だったのではないでしょうか。

日本は他の先進国のなかでも、降水量が多く特に夏場に湿気が多いのが特徴です。住宅の性能と技術というのは地域性のきわめて強いもので、そのなかでも木材の腐蝕による劣化については、地域や場所の自然環境を無視することはできません。

このような地域の環境の中で、どのようなつくりの住宅が長持ちするのかということを、伝統構法は長い経験のなかで、明確に認識していたのです。

品確法（住宅の品質確保に関する法律）が二〇〇〇年四月に施行されました。この法律は新築住宅における瑕疵担保期間一〇年の義務化で、「住宅の柱や壁など構造耐力上主要な部分」、「屋根などの雨漏りを防ぐ部分」に、瑕疵（工事不備、欠陥など）

が見つかった場合について、「引き渡し後一〇年以内に見つかった場合は、売主（または施工会社など）が無償補修しなくてはならない」と定めたものです。

現在の施工技術はこの法律をしっかり守ってつくられていて、それを保証していきます。

しかし、穿って見れば今の住宅は一〇年間持てばいい、瑕疵担保期間が切れる一〇年後以降のことは考えていない、考えなくていい。という考えのもとにつくられているのではないか、コストを優先し長期的な視点でつくられていない。というように思えてなりません。

現在の住宅は、見えないところでつくられた箱モノを、工業製品のように販売されているのが現実です。また、購入者も商品として購入しているようにも見えます。

したがって、販売した商品は少なくとも住宅の「消費者」に一〇年位は保証しなさいよ、と住宅の「供給者」に「品確法」は言っているのかも知れません。昔の大工や庭師は徒弟制度で、息子が跡を継ぐことをとても誇りにしていました。

家の建主は、家や庭の工事を依頼する職人を選ぶ時、代々世襲で続いている職人さんを選んだといいます。それはその職人たちがいつまでもそのつくったものに責任を持ち続けてくれているからです。ですから、職人たちはつくる時には材料を吟味し、施工にも手を抜かず長持ちする住宅をつくり、家の生涯にわたって面倒を見ていたのです。

これもだいぶ昔の話になりました。

第4章

木と竹の魅力

変幻自在な木の魅力

日本国土の約七〇%は森林に覆われています。日本は森林の国で、日本人は美しい自然に囲まれて生活を営んできました。

日本列島は年間の雨量が一〇〇〇~四〇〇〇ミリメートルの湿潤な地域にあり、しかも南北に長く連なっていて、落葉や常緑の針葉樹や広葉樹などの種々のタイプの樹木が見られます。樹木は、松、梅、桜、紅葉などの鑑賞用樹木としても日本の四季を彩っています。

この豊かな自然から良質な木材が豊富に産出され日本の住まいを潤してきました。高温多湿の日本には、木、漆喰《しっくい》、土壁などの呼吸する素材を用いた住宅が最も適しています。特に軟材といわれる針葉樹の杉や檜など無垢材は、湿気が多ければ吸収し、乾燥すれば湿気を吐き出す、素晴らしい調湿機能を持っています。

日本人は木材の木肌のつくり出す「味」については、かなりうるさい審美眼を持っています。素木の木肌に、香りに、上品でやさしいこの感触に異常な愛着を持っていて、その持ち味については、非常にデリケートな違いにうんちくを傾けます。また、その素材を正しく生かすことが、和風住宅をつくり上げる最大の妙味ともなっています。

身近にある木や遠い山から運ばれてきた木がどのように育ってきたのか、その特性を知り、木材としていかに活かすかを職人たちは知っています。眼に映る美しい家には、巧みな木材の使い方により、われわれに何か大切なものを語りかけてくれています。

また、木は生きていて呼吸するといわれています。それに木材は保温効果も高く、室内温度を一定にさせるほか、音の反射をやわらげ、やすらぎを与えてくれます。対温度、対湿度、その他の居住環境に対しても、木は少なくとも居住性において、もっともすぐれた建築材料のひとつです。

「休」という字は人偏に木と書くように、日本人にとっては馴染み深い関係です。だからこそ、人と木のあいだにある親密な、人間的な関係が存在するのです。

この類いまれな自然のなかにあって、人間のつくる人工空間はとうてい自然に及ばないと、日本は鋭敏な感受性をもって納得しています。われわれは豊かな自然に依存し、使われる材料を信頼し、巧みにつくられたものを強く意識することなく、ただ、それが身体の傍らにあり、われわれに寄り添っているだけで十分満足しているのです。

アントニン・レーモンド[*1]（一八八八―一九七六、チェコ出身の建築家）は日本建築について「日本人にとって、自然は生命の秘密を握る鍵でもある。すなわち、多年にわたって人間を守ってきた自然を裏切るべきでなく、常に間違いのない指導者として頼りにしてきた。人は、自然に呼びかける材料をえらぶ。木材はその生地のままで、大工は材料を巧みに用い、その正しい質を尊んできた」と語っています。

日本の材木は四季の変化により、木は春から夏にかけてと秋から冬にかけてでは生育に差があり、これが年輪となって中心からの同心円を形成しています。これを半径方向で切れば、年輪は平行線となって柾目となり。年輪に接線方向で切れば板目になります。

このように年輪は材木から木材として木取りする時に、その製材の仕方により特異な木の模様を表します。その表面に現れる模様は、木目または木理《もくり》、木肌ともいい、大理石などを除く他の材料では見られない特徴になっています。

表面に現れる年輪模様は同じ木でも木取りによって材の表面にできる木目の間隔、凸凹模様や色調の濃淡などが複雑に絡み合って、それぞれ違った木目の表情を見せてくれます。

木目《もくめ》は、「柾目《まさめ》」「板目《いため》」「杢《もく》」などと呼ばれます。また、檜や杉といった針葉樹によく現れる柾目でも板目でもなく、両者の約半分ずつつくらい現れる木目で「追《お》い柾《まさ》目《め》」という木目もあります。「杢」は柾目とも板目とも異なる稀に現れる複雑な模様のもので、希少価値や審美的価値から珍重され、「笹杢《ささもく》」や「玉杢《たまもく》」などがあり高価なものです。

視覚的な材色と光沢、木理の通直さや精粗、これらは木取りの仕方によって複雑に影響し、木理の如何によって表面に現れる模様が変化します。木材の表面では、木の種類によって木目・肌理《きめ》の現れ方にそれぞれ特徴があり、木目模様を上手に生かすことが重要で、材料の木取りから始まり製材の加工の技術によって木は大変身します。

木目を美しいと感じ快いと思うのは、年輪の模様から木目の春材と夏材がほどよいコントラストを持ち、落ちついた雰囲気があること、年輪幅が一定でなくファジーな模様が人の視覚に新鮮さを与えるからだといわれています。

壁や天井には種々の材料が使われますが、なかでも最も一般的なのが杉です。杉材は丸太がまっすぐで加工がしやすく、木目が美しいことから、板材としても最適なのです。

杉は森林として、木材として、日本人が慣れ親しんできた木だと思います。日本の木材生産量の約四割を占めています。杉材のほとんどが人工林ですが、秋田杉、吉野杉、北山杉、金山杉など、産地によって材質や生産システムに違いがあり、材質にもそれぞれ特徴があります。杉材は年輪がはっきりしていて、それ自体が装飾的な材料であるので、その美しさを引き出すには、それを木取りする製材技術者や加工する大工の技術力に負うところも多いのです。

杉板は、生産地や材齢あるいはひき方にもよりますが、柾目は木目が通直で、細い筆で線を引いたような、ゆらぎの線模様がきれいです。板目は、多様な模様の木肌に独特の美しさがあります。木目が異常に流れていて、複雑な模様が浮き出ているのを杢といい、銘木として珍重されます。

柾目材は狂いが少なく品がよく、鶏肉のささみのようもので、なかなか得難い材です。

大径木からとれる年輪が緻密で巾の広い柾目材は高価で、板目材の数倍の値段がします。障子の組子や建具の枠は、肌理の細やかな柾目を見付面に使うと上品に仕上がります。板目面の木表《きおもて》は模様が面白く、鉋をかければすべすべして美しく仕上がります。

木裏《きうら》では木の目が立って、がさがさした感じがします。また、板目面の板は木表の両側が反り上がる癖があります。

板目面で幹の遠い方の面を木表、中心に近い方の面を木裏といいます。

敷居《しきい》や鴨居《かもい》を加工する時も木の反りによって建付けが悪くならないように、鴨居は木表を下向きに、敷居は木表を上向きにして使います。廊下などの床板は木表を歩行面に、天井板は木表を見える方に張ります。

また、杉材は柔らかいので、建具の敷居には材質の堅い栗材や山桜材が適しています。

日本は四季の移り変わりがはっきりしていて、美しく豊かな自然に恵まれているので、それを取り入れることによって住まいも豊かなものになったのです。

木でつくる和風住宅の空間は、四季折々の自然を感じながら住むことができる設えがいっぱい用意されていました。「和の住まい」を美しく健康にしている建築の素材は、「木」「土」「草」「紙」です。木は柱や板材、土は土壁や漆喰、草は畳や竹材、紙は障子や襖です。

高温多湿の日本にあって、木、土壁、畳、襖、障子などの呼吸する素材を使用し、自然のままの材料の持ち味を生かし、室内に自然な環境をつくろうとする考えが「和の住まい」の原点です。特に木は、加工したあともずっと生きていて呼吸するともいわれています。

年数のかなり経た木でも、表面を磨くか、少し削れば新品の木とその香りが直ちに現れます。有害物質などまったく排出しません。それに肌触りがよく、湿気を吸収し、心地よい香りまでも醸し出します。自然素材である木のもっている表情は多彩で豊かです。木には、何よりも「ぬくもり」があります。日本の木には、日本人の気持ち、木霊《こだま》（木の精）がこもっています。

和風建築は木を上手に生かして使うところにその良さがあり、丸太材にしても角材にしても板材にしても木肌や木目の美しさ、肌身に感じる柔らかさと温かさの快さは、最も日本人の好みに適ったものです。建築、特に住宅は、生きもののように有機体でつくられるものでありたいと思います。住宅に使用する材料についてもいえることです。近年、あまりにも効率第一主義で、住宅部品も技術も画一化され、商品化され、人間性が反映されにくくなっています。職人の技術や感性も生産のどの段階からも締め出されていることも気になります。つまり、人間とか自然とか風土とかいう条件が、見捨てられていくことに問題があるのではないでしょうか。

住宅を健康にして、持続性を増し、耐用年数を長くすることが、限られた資源を大事にし、無駄をなくするという意味で本当の省エネであると思います。最も良い材料は自然の材料にあります。これに比べて、鉄、コンクリート、そして新建材などの無機質な材料は命を持たない材料であり、建築年数の経過とともに劣化の一途を辿ります。

日本的なもの、日本らしさの「和の住まい」には、生きた自然素材が主役であって、その素材をデザイン的にも技術的にも、いかにその素性を生かしていくかという感性が重要な要素なのです。「和の住まい」に住みたいという住み手も、伝統的な技術を持った大工や左官、建具や経師の職人が、だんだんと日本から消えていくのはとても寂しく悲しいことです。

柱は「和の住まい」の主役

和風住宅において、いかにも日本らしさを表しているいろいろな材料のなかで最も大きな役割を果たし、デザインを決めているのが木材であり、その扱い方です。そのなかでも、特に重要な要素を占めているのが「柱」です。日本建築は柱の建築ともいわれるように、古来、柱は格別に重んじられてきました。

柱に用いられる樹木には針葉樹と広葉樹がありますが、一般的に見て針葉樹の木材の方が和室建築に向いているようです。種類としては、檜、杉、松、栂などが主に柱材として使われています。広葉樹では欅、栗などが構造用と化粧用の両方合わせた柱の良材として使われています。

伝統的な和風住宅は、柱を表に出した「真壁造り《しんかべ》」でつくります。柱の面が表に現れるので、柱は強度材と化粧材としての両方の要素が求められます。つまり強くなければいけないし、美しくなければいけない材として構造上も意匠上にも最も重要な役割があります。

「真壁」というのは壁を柱と柱の間に収め、柱を外面に見せる壁構法です。


日本の伝統的な家屋の民家には「大黒柱」があります。また、柱の四隅の面だけ樹皮を残す手法で加工された「面皮柱《めんかわばしら》」や北山杉の「北山丸太」などは、和の自然風景を室内に感じさせるなど重要なアイテムのひとつです。

「大黒柱」は家格の象徴とされた柱で、部屋のほぼ中央に位置し、普通一辺が三〇センチ前後の正方形の柱でケヤキやクリなど堅い木が使われていました。それは家代々の精神的なよりどころともされ、「亭主柱」などとも呼ばれていました。転じて、大黒柱は家や国の中心となってそれを支える人のことをいいます。

日本では神様を一柱《ひとはしら》、二柱《ふたはしら》と数えます。日本は森林の国です。日本人は森に神々が存在すると信じてきました。二〇年ごとに行われる伊勢神宮の式年遷宮において、神宮正殿の床下に奉建される「心御柱《しんおみはしら》」や信州の諏訪神社において七年目ごと、寅と申の年に行われる御柱祭などの柱は神が宿る「依代《よりしろ》」です。

民家のひときわ大きな木でつくられる大黒柱に神霊が宿ると信じ、神を柱と数えたとしても不思議ではありません。日本の伝統構法の真壁造りで柱を外面に露出させているのは、柱に天に宿るあまたの神々をこの地にお招きする依代の役割を与えるためなのでしょう。

自然と交感し神々を大切にするなかで、日本独自の建築文化が育ったのではないでしょうか。このように「柱」は日本文化のなかで極めて象徴的な意味を持っています。

松が丘・松隠亭にはたくさんの木材（銘木）の柱が使われています。杉、檜、赤松、香節、欅、タモ、桐、カシ、椎、椿、栗、アテ丸太、百日紅、杉面皮丸太、杉磨き丸太、杉天然絞丸太、檜錆丸太、エンジュ、良母、シャレ木など。木は神様の依代です。たくさんの木があり、どの木が気に入って下りてくるかわかりませんが、神様が家を守ってくれています。

「面皮柱」は数寄屋建築などに多く用いられる柱で、斫《はつ》り面には美しい中杢《なかもく》が現れます。樹齢の経った丸太の方がよりいっそう美しい柱が取れ、野趣に富んだ味のある高級材です。

数寄屋建築では磨き丸太は柱の他に桁《けた》、垂木《たるき》、竿縁《さおぶち》などにも多く使います。

「丸太」は、製材でつくられた角材の直線的なものと違って、あくまでも木地そのものの丸みを持った自然のたおやかな姿であり、軽やかでまろやかで優しい表情を持っています。また、丸太には表情があり、木の生い立ちや向きについての癖があります。丸太の表面は一様ではなく節があり（節はえくぼともへそともいわれる）、凸凹があり、木の生い立ちや向きについての癖があり、それによって別な表情があり、しばしば皮付きのまま用いられました。さらに元と末とでは太さが異なり、それが自然な姿を表しています。

丸太が用いられるのは直線で構成された空間のなかに、自然の曲がりや皮付きの色彩などが入り込むことによって、自然豊かな雰囲気の姿が独特の和風空間を生み出すからです。そして、その効果を加工の複雑さや面倒な仕口《しくち》をかえりみず実現したいと考えるのは、和風住宅のつくりのなかに強い美への意識と追求があるからなのです。

丸太は角材のように人工を加えないで自然の形状をそのままの形を生かしながら扱うので、その作事は非常に難しい施工になります。

こうした丸太普請のなかでも特に手間がかかるのが、丸太と丸太との仕口です。丸太と丸太が隙間なく吸い付くように組み合わせることが求められます。このように丸太材を合わせる作事の事を、光付《ひかりつ》けまたはひかり合わせと呼んでいます（光付けとは光も漏れないほどに素材同士を密着させるというのが語源のようです）。

光付けのためには丸太の丸みをもう一方の丸太に写し取る必要があります。この作業は曲面と曲面の接合であり、まさに三次元的な人変に手間のかかる作業です。職人はそのために曲尺、光り板、口引きや鉛筆などの道具を用いて曲面を写し取る独自の方法でぴったりと収めます。仕口は緊密に結ばれ長年を経ても崩れることはないのです。これには長い経験が必要であり、これに熟練した職人の技術は秘伝とか技の隠し味とかいわれるものです。

その味は建物が完成してから年数が経つほど、その技術の差が現れてくるものなのです。

丸太材を「光りもの」ということもあります、光付けの技術を必要とする建物の大工手間は格段と高くなります。数寄屋大工は光りものを扱う技術を持っていることが条件となります。また、天然の素材のもっている特性を熟知していて、その素材の美しさ、強さ、味を生かせるのが数寄屋大工でもあるのです。光付けの美しいディテールが数寄屋造りの数寄屋たらしめている一つの特徴でもあります。丸太は自然の立木姿を保っている材料で、元と末で太さも異なり、表面に凸凹もあります。そういった材料を巧みに加工して組み立てていくところに、数寄屋大工の技術の真髄があります。


現在では光りものを使用する建物はほとんどないといってよいでしょう。たとえ丸太を使っても光付けのない納まりとしています。一般の住宅は、プレハブやプレカット工場で加工され、現場で鑿《のみ》や鉋《かんな》を使用することなく住宅はつくられています。大工技術は益々落ちていきます。

数寄屋大工の仕事は数少ないものとなり、数寄屋大工は貴重な存在となりつつあります。数寄屋大工に頼らなくてもできる数寄屋建築ができたり、近代数寄屋と称して真壁でなく大壁にして柱を露出させない構法も流行ったりしていますが、これなども非常に合理的で機能的で綺麗にできていますが、本来の数寄屋とは違うものであり、職人の技を殺して、味がなく面白みがないものしているのではないでしょうか。

床の間の周りにも床柱として磨き丸太や絞り丸太が使われます。絞り丸太には天然絞り丸太や人工絞り丸太があり、天然絞り丸太には木肌に自然にコブ上や波状の凸凹ができた天然出絞《てんねんでしぼ》と、細かい溝のような縮みができたちりめん絞りがあります。ちりめん絞りは非常に希少な品種です。絞り丸太は生育の過程で偶然に絞りが付いたもので、数十万本に一本の割合でしか発生しないという代物です。数寄屋はこのような希少性をも面白がって使うところも数寄のこころからでしょう。

床柱には北山杉以外の木も多く使われます。西本願寺の国宝「飛雲閣」に付属した茶室に、重要文化財の「憶昔席」があります。その床柱は南方産の太い皮付き丸太で、その皮肌が蛇の皮に似ていることから蛇の目柱と呼ばれて有名になっています。茶室の床柱で多いのは赤松の皮付き丸太ではないでしょうか。

茶室の点前座《てまえざ》*2の形式の「台目構え《だいめかまえ》*3」というのがあり、炉の角に「中柱《なかばしら》*4」が立ちます。床柱とともに目立つ存在です。この中柱によく使われるものに「歪柱《ゆがみばしら》*5」があります。

桂離宮の松琴亭、藪内家の燕庵、真珠庵の庭玉軒など、自然のゆがみをあえて生かし、ゆがみによって自然を強調し茶室のなかに一つの景色をつくっています。緊張した部屋に最も自然な曲がった小丸太を配することによって静寂な空間に動きが生じ、草庵の雰囲気をつくり出しています。その巧みな使いこなしにも、日本の伝統的な美学があります。

現在の住宅で柱を見ることは稀になりました。壁構造や大壁造りがほとんどで真壁造りの住宅が少なくなりました。「真壁《しんかべ》」にたいして「大壁《おおかべ》」は壁仕上げ材で柱を隠す壁構法で、現在の住宅づくりの主流になっています。どんな種類の木材が使われているか外からとても見ることが叶いません。最近では柱に集成材が多く使われていて、木造の軸組も壁構造に近くなっています。住宅に柱が見えなくなってしまうと住宅は単なる箱物になってしまいます。

柱は「間」をつくる

柱と柱の間の空間のことを「間《ま》」といいますが、「間」をつくりだすのも柱です。柱と柱の間を壁や襖や障子で取り囲むことによって部屋ができます。これを間取《まど》りといいます。間取りは部屋の配置のことで平面計画をいいますが、日本の住宅の計画では柱の位置を決めることから始まります。

そこに柱があり、美しい軽い引き違いの建具、つまり障子や襖や板戸で仕切ります。部屋と部屋の間は襖で、部屋と縁側の間は障子で仕切られ、襖を取り払えばひとつの間になり、障子を開けると縁側を通して広い庭に続きます。日本的な住居は融通無碍の空間です。その間仕切りは心理的なもので、人や自然の気配を感じられる「間」の構造です。

この「間」の文化から日本人は集団生活のなかで、日本独特の個々のプライバシーを守るための知恵を生み出しました。厚い壁で隔離しない自由な空間によって、プライバシーの生活を気配という方法によって守ったのです。

もし気配を察せず、「間」をとらなかったなら、日本の文化や生活は成り立たなかったのではないでしょうか。玄関や縁側や床の間という直接の居室空間でない空間を大事にするのが日本の住まいの特徴であり、このような「間の文化」を大切にするのが日本の建築です。

日本語で、時間（とき）、空間（ところ）、人間（ひと）、さらには世間（この世）とすべて間という字を入れて表現しているところに、日本人の文化があるのではないでしょうか。

確かに日本の和風住宅には西洋風な家のつくり方から見るとムラやムダがあり、合理的なつくりではなく、「間抜け」「間のび」「間ちがい」があるかも知れません。「間」には「何もない」「あいだ」の部分を指していて、空《から》であり、ただ単に間に過ぎません。

しかし、機能的に限定されてない無性格なところに、むしろ無限の可能性を秘めた「空間」を示しているのです。

「間《ま》」は、規格化された畳寸法の単位にも用いられます。京間や中京間や田舎間です。京間は京都を中心に大阪、山陰、九州で用いられてきたものです。田舎間は関東間とも呼ばれており、主に関東地方で用いられてきましたが、今では一般住宅の基準尺のひとつとなっています。

建築手法には、「間《けん》」という言葉もいろいろな意味に使われます。まず、長さや面積の単位で使われています。一間は六尺（＝一・八一八m）、また、一町《ちょう》は六〇間、一里《り》は三六町のように日本固有の単位として使われてきました。

計量法により、土地と建物の計量については一九六六年で取引や証明に尺貫法を用いることは禁止されましたが、建築資材のベニヤ板などの板材の大きさの三尺×六尺（三×六《サブロク》）や、四尺×八尺（四×八《シハチ》）などといった型番の規格製品いわゆるコンパネが、現在でも生産され建築工事や建築現場で使用されています。

一間四方を一坪といいます。一反《たん》は三〇〇坪、一町歩は一〇反＝三〇〇〇坪など

「坪」という表示は公式には使えませんが、土地の広さや建物の大きさをイメージするには「何平方メートル」というよりも、「何坪」で表現された方がわかりやすいのが現実です。

北山杉の魅力

京都の北山地方は美林として、また数寄屋材である木材の代表的な生産地として名が通っています。川端康成(一八九九〜一九七二)の小説『古都』に出てくる、千重子が訪れる苗子の里の中川地方で杉の栽培が始まったのは室町時代だといいますから六〇〇年以上の歴史があります。

生産技術も向上して、台杉を育てて苗を採る方法の開発で良質の苗木を多量に生産できるようになり、北山杉特有の幹のしぼりも人工的につけられるようになりました。

ここで生産される杉丸太が、茶室の床柱や垂木として珍重され、数寄屋建築には北山杉は欠かせない存在です。

現在北山で生産される丸太は、北山磨丸太、北山面皮丸太、北山人造絞丸太、北山天然絞丸太などの杉の丸太です。枝打ちなどの育林によってよく手入れされた北山杉は無節で、木本と木末がほとんど同じ太さで真っ直ぐで、木理がしまっていることに特徴があります。

また、木肌が白く滑らかで光沢があって気品があります。皮を剝いで磨き上げた磨き丸太は時間が経つと風雅な趣のアメ色に徐々に古色していき、自然に溶け込んでいく雰囲気を室内空間にもたらしてくれます。柱やケタや垂木材としてよく使われます。四方の角面に丸面を残した自然の風合いを持った面皮丸太も数寄屋材として欠かせません。

磨き丸太の柱や面皮柱でたてられた空間は、自然の風合いが漂い重たくなくて美しいものです。化粧屋根形式の天井なども磨き小丸太を使ってつくりますが、磨き小丸太に木舞を挟んで、赤杉の柾目板張りの天井はこれもまた美しく数寄屋風で優雅なものです。横桁や長押に磨き丸太を使うと、格式張らず軽快で瀟洒な感じになり、いっそう数寄屋の雰囲気になります。磨き丸太の年間生産量は、現在ほぼ一〇万本だといいます。

前出の川端康成が昭和三六年一〇月八日から三七年一月二七日まで新聞に連載した『古都』には、美しい自然描写の場面が多々あります。終章の「冬の花」の一場面です。

千重子は、苗子が耳を澄ますのに、

「しぐれ？　みぞれ？　みぞれまじりの、しぐれ？」と聞いて、自分も動きを止めた。

「そうかしらん、淡雪やおへんの？」

「雪……？」

「静かどすもん。雪いうほどの、雪やのうて、ほんまに、こまかい淡雪。」

「ふうん」

「山の村には、ときどき、こんな淡雪がきて、働いてる、あたしらも気がつかんうちに、杉の葉のうわべが花みたいに白うなって、冬枯れの木の、それはそれは細い枝のさきまで、白うなることが、おすさかい。」と、苗子は言った。「きれいどっせ。」

川端康成は『古都』のあとがきに、次のことを書いています。

口絵の東山魁夷の「冬の花」(北山杉)は、三十六年私の文化勲章のお祝いにいただいたものである。「冬の花」という画題は「古都」の終章の見出しにちなみ、作中にある北山杉を描いて下さったのである。

「古都」を書き終えて十日ほど後に、私は沖中内科に入院した。多年連用の眠り薬が、「古都」を書く前からいよいよはなはだしい濫用となって、かねがねその害をのがれたかった。私は、「古都」が終わったのを機会に、ある日、眠り薬をぴたりとやめると、たちまち激しい禁断症状を起こして、東大病院に運ばれた。入院してから十日ほど意識不明であった。そして、「古都」執筆期間のいろんなことの記憶は多く失われていて、不気味なほどであった。「古都」になにを書いたかもよくおぼえていなくて、たしかに思い出せなかった。

私は毎日、「古都」を書きだす前にも書いているあいだにも、眠り薬を用いた。眠り薬に酔って、うつつないありさまで書いた。眠り薬が書かせたようなものであったろうか。「古都」を「私の異常な所産」というわけである。

『古都』は昭和三八年、中村登監督、岩下志麻主演で映画化されました。また、昭和五五年にも市川崑監督、山口百恵主演で映画化されました。二作とも北山杉の美しい美林が描き出されています。

東山魁夷（一九〇八～一九九九、日本画家、版画家、著述家）は北山杉の美しさを「北山初雪」に描いています。北山を訪ねて聞いたところ、「北山初雪」に描かれている情景は北山に住む林業家の幾人もが見ているが、このような感じの美しい雪景は一年に一度か二度あるかなしの現象であるとのことでした。この「北山初雪」は川端康成の所蔵で著書『日本の美のこころ』の装丁に使われています。

竹の魅力

竹には木とは違った冷たさを含んだ清潔さ、明るさ、やわらかさ、繊細さを感じさせ、それでいて強靱さをもっています。

自然と共存してきた日本の住まいにはもっとも身近で入手しやすい素材です。数寄屋の造形に見られる竹の表情は多彩であり、表情も変化に富んでいます。自然の材料、特に竹や丸太で組み立てる数寄屋の技術は、日本建築のなかでももっとも洗練されたものです。

竹はそのものに加工せずとも素材のままに造形美があり、形状や外観などの工芸的な要素も持ち合わせていることが木と違った点であり、この部分にも魅力があります。竹垂木が放射状に広がる軽妙な化粧屋根裏天井などは草庵の造形美の結晶です。

そのきわめて洗練された造形の結実を桂離宮の月波楼や賞花亭に見ることができます。京都東山の高台寺の境内に建っている重要文化財である傘亭・時雨亭も、竹の造形美として素晴らしいものです。

傘亭は宝形の造りで、内に入って見上げた屋根裏は、まさに傘を大きく広げた意匠の幽玄な空間で、竹の垂木三四本と化粧竹木舞で綺麗にまとめています。

利休の意匠による秀吉公好みの小さな茶室で、北政所が秀吉の菩提を弔うために、秀吉が伏見城で舟遊びをした時に使われた茶室を移築したものといわれています。

埼玉県の行田にあるチャイルドセンター（保育所）の礼拝室の天井に、この傘亭を模した竹を使った葭《よし》張りの天井を設計しました。天井は八方から頂点にせり上がって集まる竹垂木に葭張りの拝み天井です。

床から天井の頂点まで七・五mあります。天井の四方に天窓が付いており、この竹を放射状に組んだ葭張りの天井に照明がともされると夜景が美しいです。屋根は三〇度の急勾配の四方流れとなる方形の寄棟で、頂点の高さは地上から一〇mです。

屋根の先頭に十字架があります。竹や葭は成長が早く丈夫で勢い良く天空に向かって伸びる姿に、保育所の子どもの生き方の象徴を重ねています。

ここに使われた葭は埼玉、群馬、栃木、茨木の四県にまたがる渡良瀬遊水地の葭を使いました。渡良瀬遊水地は葭焼きで有名ですが、豊かな緑を有し、その面積は一五

礼拝堂棟の外観（撮影：畑 亮）

談話室の障子（撮影：畑 亮）

礼拝室　壁は漆喰仕上（撮影：畑 亮）

竹組で葭張り天井（撮影：畑 亮）

２重天井、上部杉板、下部漆喰、ワーロン障子（撮影：畑 亮）

竹組で磨葭を張った天井（撮影：畑 亮）

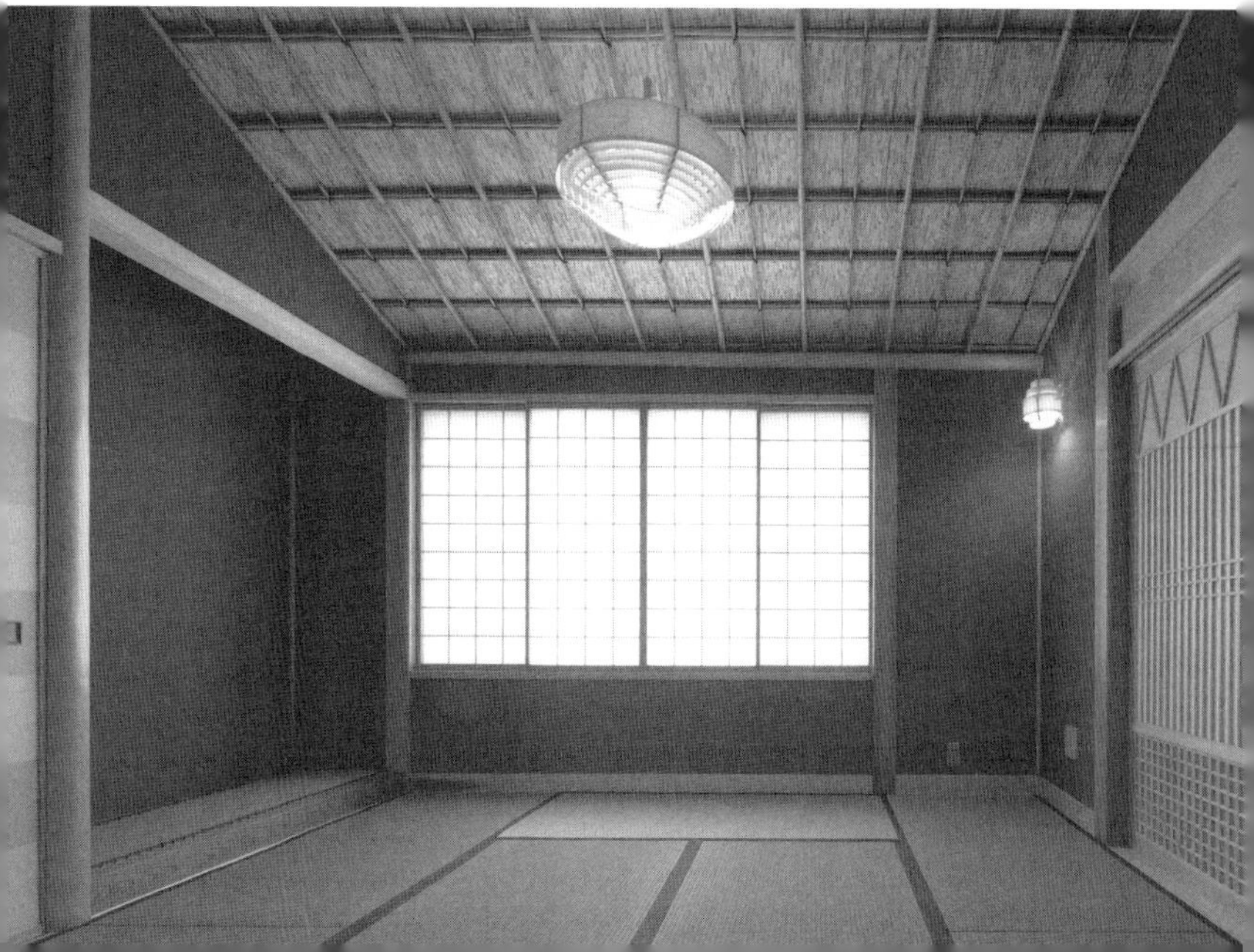

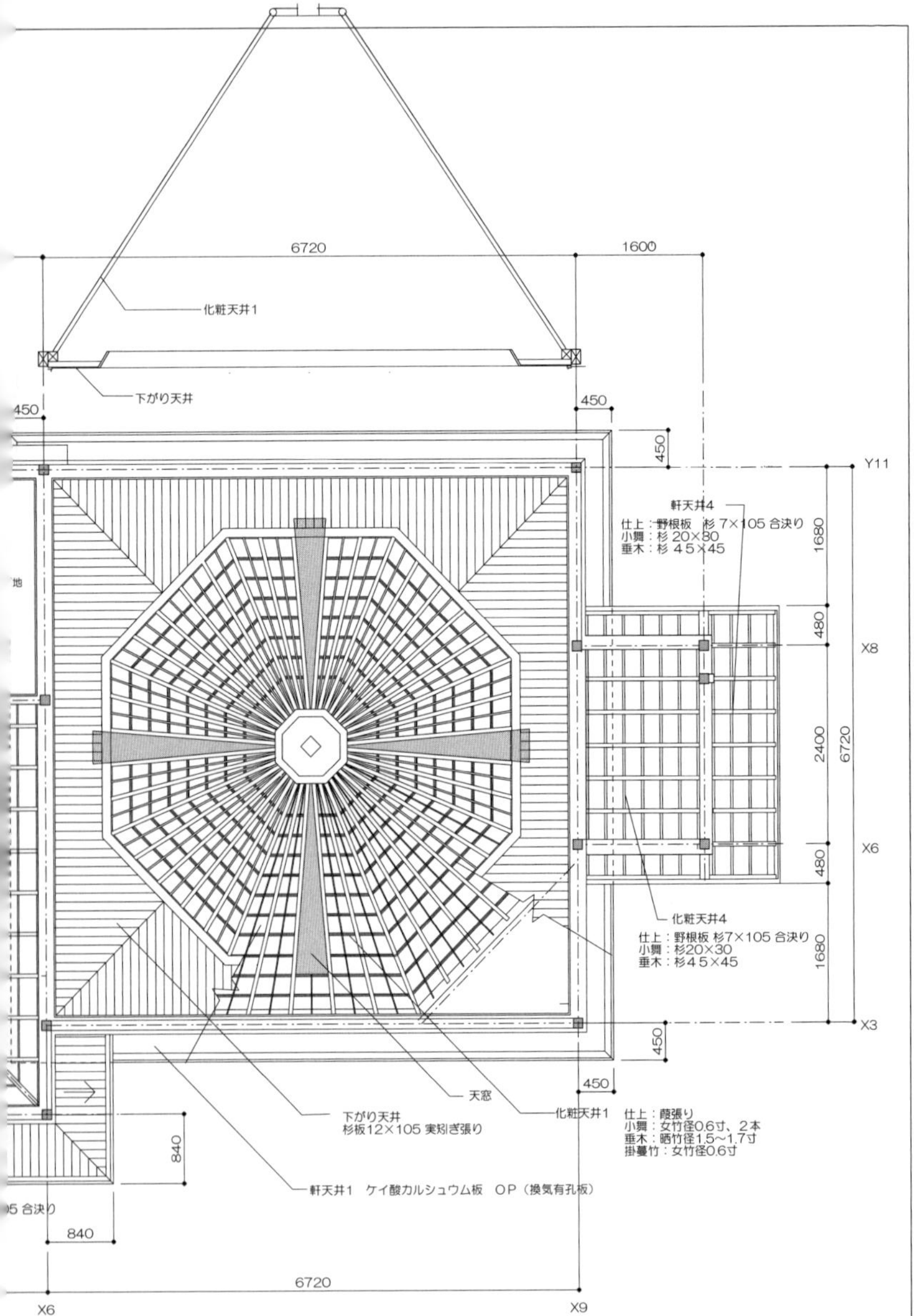

式会社　創建設計

工事名	（仮称）小羊チャイルドセンター増築工事			図面番号
図面名	天井伏図	縮尺 1/60	日付 140317	
一級建築士事務所　東京都知事登録第12946号　一級建築士大臣登録第51825号　平野十三春				

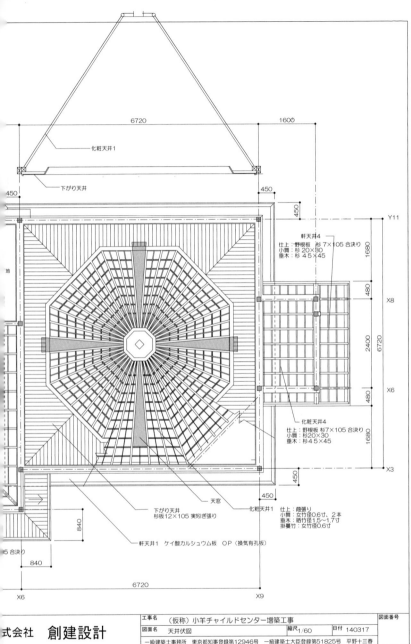

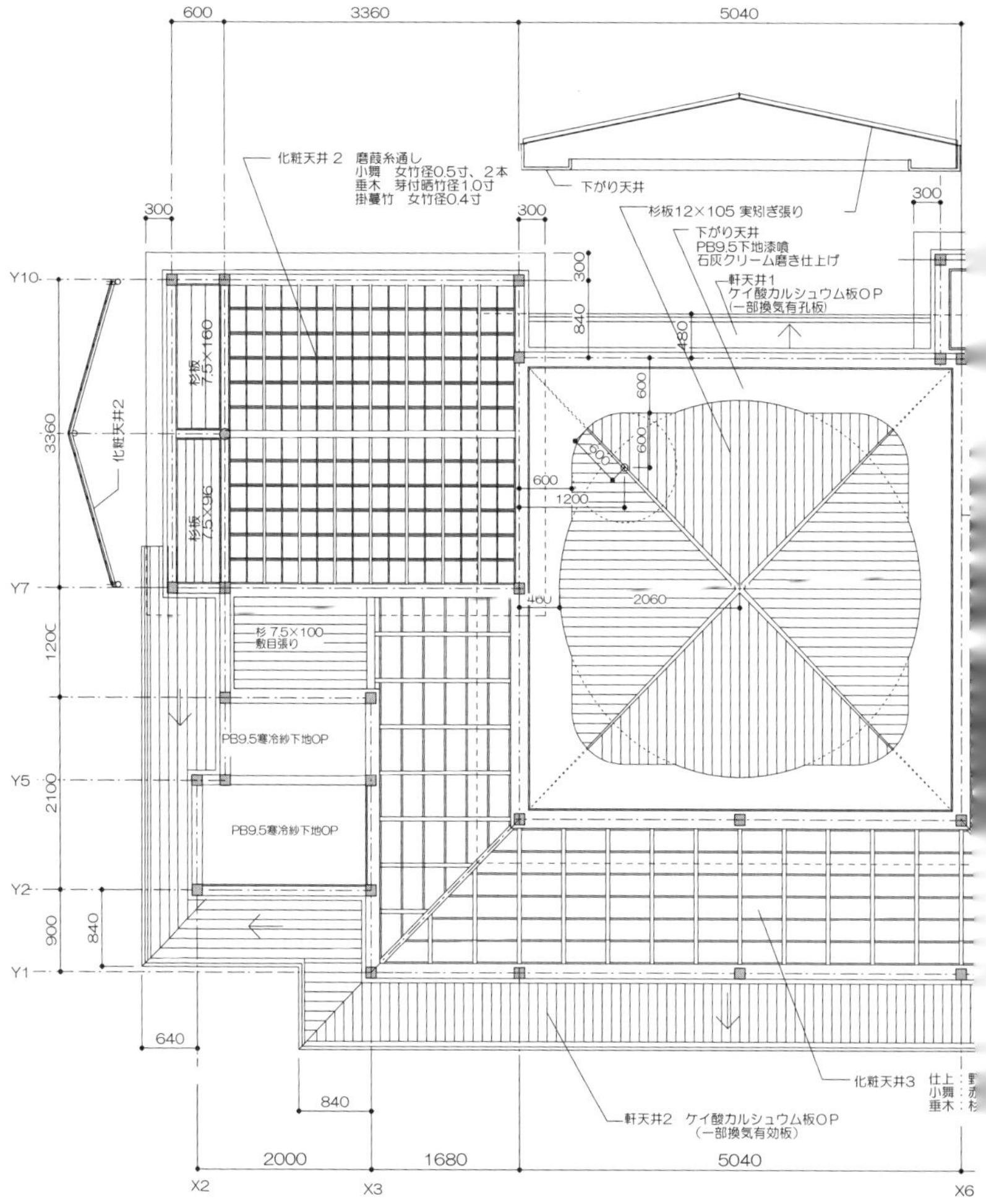

600
3360
5040
化粧天井 2　磨葭糸通し
小舞　女竹径0.5寸、2本
垂木　芽付晒竹径1.0寸
掛蔓竹　女竹径0.4寸
下がり天井
300
300
300
杉板12×105 実矧ぎ張り
下がり天井
PB9.5下地漆喰
石灰クリーム磨き仕上げ
軒天井1
ケイ酸カルシュウム板OP
(一部換気有孔板)
300
840
480
Y10
杉板 7.5×160
杉板 7.5×96
3360
化粧天井2
600
600
600
600
1200
Y7
2060
460
杉 7.5×100
敷目張り
1200
PB9.5寒冷紗下地OP
Y5
2100
PB9.5寒冷紗下地OP
Y2
900
840
Y1
640
840
化粧天井3　仕上：
小舞：
垂木：
軒天井2　ケイ酸カルシュウム板OP
(一部換気有効板)
2000
1680
5040
X2
X3
X6

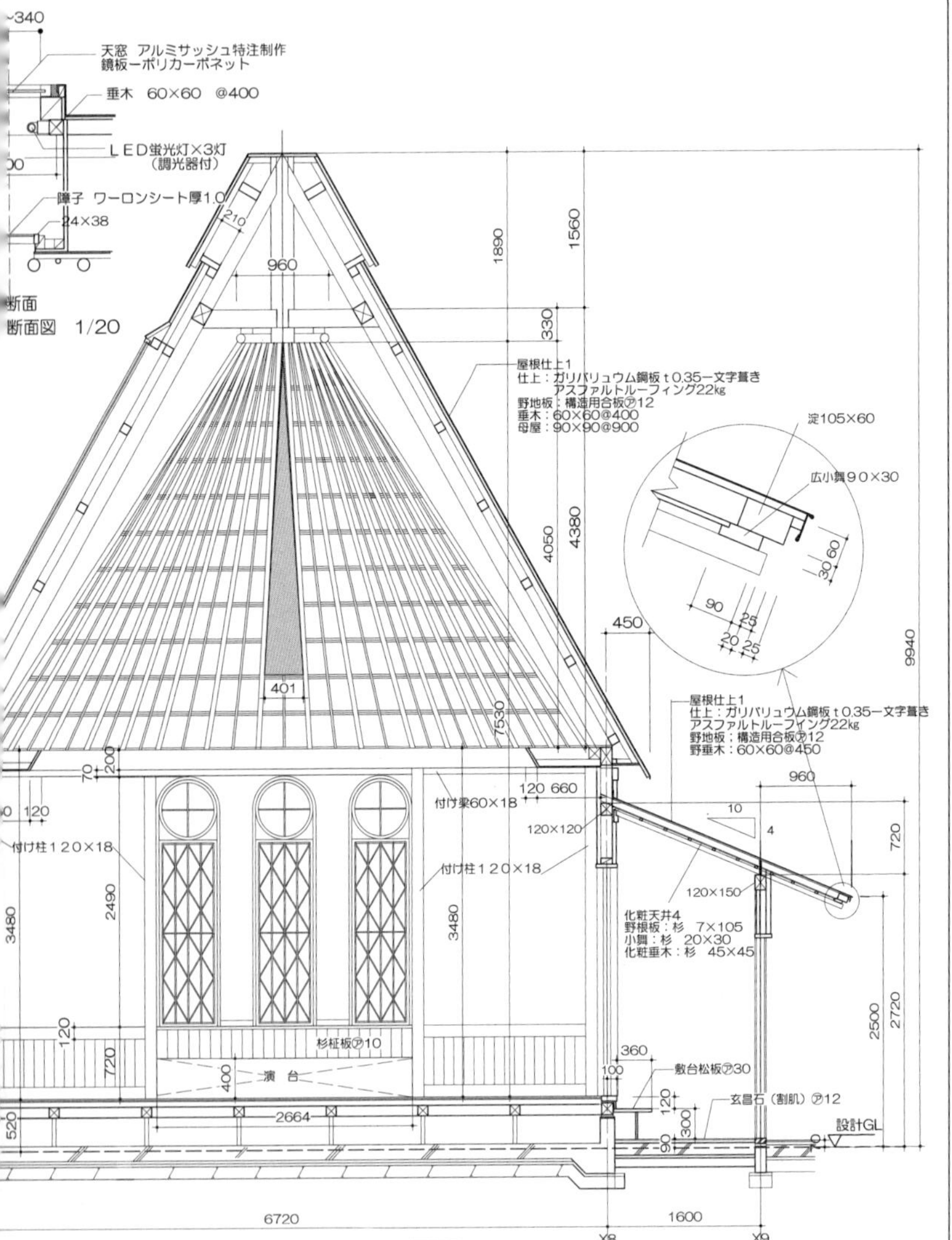

礼拝室 X断面詳細図 1/50

株式会社 創建設計	工事名 （仮称）小羊チャイルドセンター増築工事		図面番号
	図面名 礼拝室断面詳細図 矩計図	縮尺 1：50 1：20 日付 140317	
	1級建築士事務所 東京都知事登録 第51825号 1級建築士 大臣登録 第1825号 平野十三春		

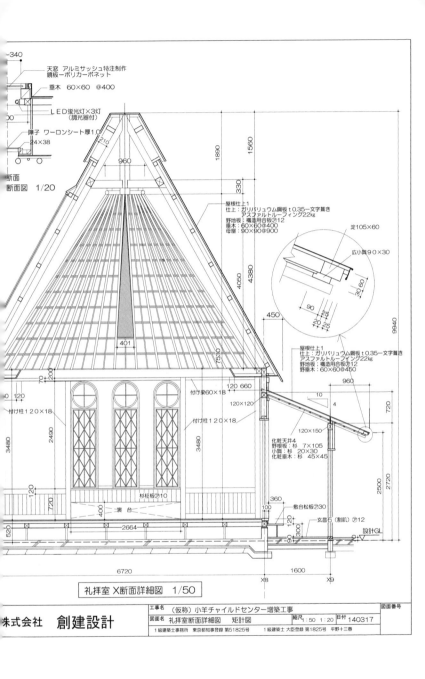

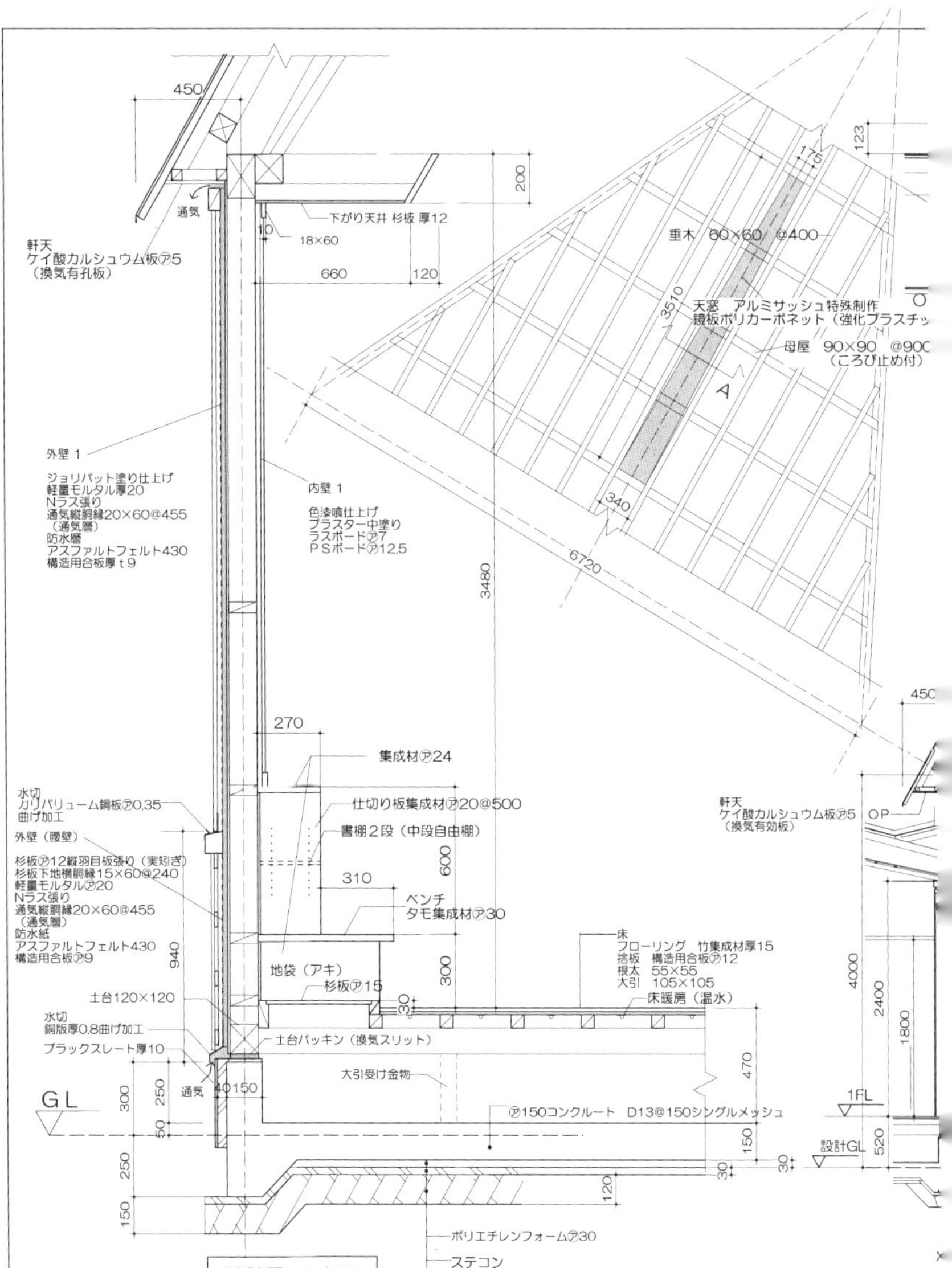

450
通気
軒天
ケイ酸カルシュウム板㋐5
（換気有孔板）
200
下がり天井 杉板 厚12
10
18×60
660
120
垂木 60×60 @400
175
123
3510
天窓 アルミサッシュ特殊制作
鏡板ポリカーボネット（強化プラスチッ
母屋 90×90 @900
（ころび止め付）
A
外壁 1
ジョリパット塗り仕上げ
軽量モルタル厚20
Nラス張り
通気縦胴縁20×60@455
（通気層）
防水層
アスファルトフェルト430
構造用合板厚 t 9
内壁 1
色漆喰仕上げ
プラスター中塗り
ラスボード㋐7
PSボード㋐12.5
340
6720
3480
270
集成材㋐24
水切
ガリバリューム鋼板㋐0.35
曲げ加工
仕切り板集成材㋐20@500
書棚２段（中段自由棚）
外壁（腰壁）
杉板㋐12縦羽目板張り（実矧ぎ）
杉板下地横胴縁15×60@240
軽量モルタル㋐20
Nラス張り
通気縦胴縁20×60@455
（通気層）
防水紙
アスファルトフェルト430
構造用合板㋐9
600
310
ベンチ
タモ集成材㋐30
940
300
地袋（アキ）
杉板㋐15
30
床
フローリング 竹集成材厚15
捨板 構造用合板㋐12
根太 55×55
大引 105×105
床暖房（温水）
土台120×120
水切
銅版厚0.8曲げ加工
土台パッキン（換気スリット）
ブラックスレート厚10
大引受け金物
470
GL
300
250
50
通気
40
150
㋐150コンクルート D13@150シングルメッシュ
150
30
30
250
150
120
ポリエチレンフォーム㋐30
ステコン
割栗
450
軒天
ケイ酸カルシュウム板㋐5 OP
（換気有効板）
4000
2400
1800
1FL
520
設計GL

矩計図 1/20

○○ヘクタールと本州最大の葭原で多くの動植物の生息空間となっており、二〇一三年七月にラムサール条約湿地に登録されております。
葭張りの施工は茅屋職人によって施工されました。


数寄屋建材の利用には丸竹がよく使われますが代表的な種類は真竹です。真竹《まだけ》は棹の根元から先端部にかけての細り具合が小さく、細工しやすい種類であるばかりでなく、節と節の間隔も長く美しい建築素材です。

表皮分が緻密で弾力性に富むため垂木、壁下地、窓格子、竿縁、天井の回り縁、簀子天井、床柱、鴨居、障子組子、格子、簀戸、濡れ縁などに多く使われますが、ほとんど油抜きした晒竹《さらしだけ》（白竹・真竹）です。

淡竹が真竹程利用されないのは弾力性が弱く、節間長が短いだけでなく、節が高く突き出ていて、美的感覚からも良くないためなのです。孟宗竹については表面の緻密さを欠いており、材質のもろさもあって建築素材として用いられることはあまりありません。

竹は表皮やその近くに靱皮繊維が密集しているので堅く、また伸縮性が小さいために温度の変化に対して狂いがほとんどありません。したがって真竹ではこれを応用して竹釘や尺度（ものさし）をつくります。

竹は日本の気象変化の多い風土に多彩な役割を果たしています。

茶道具も竹を好んで用います。茶杓《ちゃしゃく》、茶筅《ちゃせん》、花入れは竹が大半です。茶人は竹に何か特別な想いあるのでしょう。

＊1　**アントニン・レーモンド（一八八八〜一九七六）**

チェコ出身の建築家。フランク・ロイド・ライトのもとで学び、帝国ホテル建設の際に来日。その後日本にとどまり、モダニズム建築の作品を多く残す。日本人の建築家に大きな影響を与えた。代表作にリーダーズダイジェスト東京支社がある。

＊2　**点前座（てまえざ）**

茶席において、亭主が茶を点てる場所を「手前座」という。点前のために必要な道具を置く場所であり、亭主の座る場でもある。おおよそ丸畳（一畳）あるいは台目畳の広さである。台子をおくスペースを、台目畳を用いて縮小し、台目構えが構成されて侘茶が大成された。

「台目畳（だいめたたみ）」は一畳の畳の約四分の一を切り取った残りの約四分の三の大きさの畳。

「台子（だいす）」は茶道の点前に用いる茶道具で、水指などの茶道具を置くための棚物の一種。真台子、竹台子をはじめ様々な種類がある。一般に格式の高い茶礼で用いられるとされ、特に真台子は献茶式などで用いられる。

＊3

「台目構（だいめかま）え」

点前座が台目畳で出炉になり、中柱が立ち、中柱の袖壁の隅に釣棚を設ける構えをいう。台目構えは格式を重んじる台子飾の方式を拒否し「棚物」を使用させない構えでいっそう侘茶を進めたもの。中柱と炉、それを囲むように亭主と客が対座する態勢は、おのずから草庵らしい雰囲気を醸し出す。

＊4

「中柱（なかばしら）」

台目構えを構成するために炉の隅、あるいは客座と点前座の境に立てる柱のこと。中柱には普通、袖壁がつく。中柱に袖壁を付けることによって、あたかも点前座が次の間であるかのような、一歩退いた構えを見せる。

＊5　「歪柱（ゆがみばしら）」

中柱は本来まっすぐな柱だったが、曲がった柱も立てられるようになった。現在では中柱に曲がった柱を立てるのが通例となり、中柱は曲柱、あるいは歪柱ともよばれるようになった。

第5章

日本の屋根と塗り壁の魅力

建物を覆う屋根

日本は、およそ北緯二四度から四五度、東経一二三度から一四二度あたりまで弓形状に細長く横たわる列島です。日本は島国であるとともに、国土の約七三%が山地を占める山国で、国土の約六七%が森林です。日本の気候は、南と北での気温の差が大きいことや、列島の中央を縦走する山岳地帯を境に太平洋に面している地域（表日本）と、日本海に面している地域（裏日本）とで大きく異なっています。特に、冬にはシベリア高気圧から、日本に向けて持続的な冷たい北西風が吹きつけ、裏日本に豪雪をもたらします。

季節によって山地と海辺など、地理地形によって雨の降り方や雨量に大きな差があります。梅雨前線や秋雨前線は、ほぼ毎年決まった時期にまとまった雨をもたらします。秋になると台風が南の海上で発達した積乱雲が地球の自転の影響で渦流となり、必ずやってきます。冬には日本海から吹きつける湿った空気が、山にぶつかり雪になります。変化に富んだ地勢の日本では雨の降り方も地域差が大きく、多様性に富んでいます。

この日本列島をヨーロッパの国に重ねてみると、オランダ、ベルギー、フランス、スペインをまたぎます。東海岸のアメリカの都市に重ねると、北はカナダとの国境から南はフロリダ半島まで及びます。緯度で比較するとおよそ札幌はボストン、福岡はアトランタに位置します。北海道から沖縄まで三三〇〇キロにおよぶ日本列島は、世界の各都市と並べてみても、いかに南北に大きな国であるかがわかります。

このことからも日本のそれぞれの地方にきわめて顕著な多様性があり、独特な暮らしのたて方や文化が育まれてきたことが頷けます。

建築についていえば風土が違えば、それぞれ異なった建築があるのが当然であり、特に住宅にあっては、地域の環境と風土に無関係に見ることができないことは明らかです。

日本では季節によって欧米の何倍もの雨が降り、梅雨の季節には、細かい雨が毎日降り続きます。日々の天気は変わりやすく、昔から新聞、ラジオ、テレビで頻繁に天気予報を報じています。最近、天気予報士が誕生し、天気予報も人気番組で、天気キャスターの人気ランキングまであるくらいです。

伝統的な日本の家屋は窓が小さく、柱だけで壁が少ないからすべてが出入り口で、縁側に囲まれ、僅かに障子と雨戸によって外界と区別される吹き抜けの家です。家の内と外とは柱と障子と雨戸でつながり、縁側柱と障子と雨戸だけで外部に開放されていました。

日本の雨は上から横からあるいは下から、どこからも侵入してくる厄介な代物です。建物をすっぽり包む大きな屋根は必然であり、深い軒の出や庇をつくり雨から住いを守ってきたのです。深い軒の出は、数寄屋に限らず日本の住居に欠くことのできない条件の一つです。雨が多く夏の日ざしが強いモンスーン地帯の日本では、軒の下に広い濡れ縁が設けられます。そこに立てば、人は自然のなかに佇むことができます。日本の建築においては、囲うよりも覆うことが重要であって、西洋の建築が壁の建築であるのに対して、日本の建築は屋根の建築であるということができます。屋根が基本で、つくり方も、まず柱を立て、屋根をのせてから、壁や窓の造作に取り掛かかります。

覆うことを主眼とする屋根の建築としての日本建築の特色は、その軒の出の深さと、窓の上に小さな庇を設けるなど多様な付け庇にあります。

谷崎潤一郎は、その著書『陰翳礼讃』のなかで「日本の屋根を傘とすれば、西洋のそれは帽子でしかない。われわれの住居は、瓦葺や茅葺の大きな屋根と深い庇という傘を拡げて大地に一廓の日かげを落し、その薄暗い陰影の中に家造りをする。いつしか陰影のうちに美を発見し、やがては美の目的に添うように陰翳を利用するに至った。事実、日本座敷の美は全く陰翳の濃淡に依って生まれているので、それ以外に何もない」と述べています。


五月の節句に鯉のぼりが飾られ、「屋根より高い鯉のぼり〜♪」の童謡が聞こえてきます。

実は「鯉のぼり」の唄にはもう一つ「いらかの波と雲の波〜♪」の文部省唱歌[*1]があることは誰しもご存知でしょう。しかし、「いらか」を知って歌っている人は少ないのではないでしょうか。「いらか」とは「甍」、つまり「屋根の瓦」のことです。いらかの波とは瓦が重なっている様子を「波」に例えた表現でしょう。

いらかの波と雲の波
重なる波の中空を
橘香る朝風に
高く泳ぐや鯉のぼり

歌川広重画
「名所江戸百景水道橋駿河台」
©Alamy Stock Photo/amanaimages

この屋根瓦は和形「銀いぶし瓦」を想像します。銀いぶし瓦は良質な三河土をベースにした素材を高温で焼き上げ、伝統的な燻化製法により、深みのある色と風格をもたせてつくり上げた瓦です。主張しすぎず、流行に流されず、四季折々の自然の彩りを自らの姿に映し出し、年月を重ねるごとに渋みのきいた色や、やわらかな風合いを表現します。このいぶし銀の屋根瓦が白い重なる雲に映え、その空に鯉のぼりが泳ぐ風景はいかにも日本の懐かしい季節の風物を感じさせます。このいぶし銀の屋根瓦も現在では、ほとんど使われなくなりました。

戦前に文部省唱歌というものがあり、尋常小学校の教師はオルガンを弾けなければなりませんでした。一般公募された子役たちが小豆島の美しい自然を背景に、小学唱歌を全編にわたり歌っている印象的な映画があります。昭和二九年の監督木下恵介、主演高峰秀子の『二十四の瞳』です。やがて突き進んでいく戦争に対する怒りとやるせなさを静かに訴える名作であります。戦後になってこれらの文部省唱歌は全部追放され、美しい日本伝統の童謡が消えていきました。

いぶし銀の瓦の屋根と漆喰の白壁が映える伝統的な日本の家屋は大変に美しい。特に屋根が非常に豊かで、美しい日本の家並みの景観をつくってきたことに思いを馳せます。

建築家の今里隆氏は、その著書『屋根の日本建築』のなかで「日本建築の美しさは屋根にある。日本の風景画の中には、いろいろな家並みが描かれている。そして、それらの屋根のどれもが、日本の自然の景色とピタリと調和している。日本建築の屋根の美しさは、日本人の原風景と呼べるものだと感じられる」と述べています。

都会では土地の価格が上がり、敷地が極端に狭くなり平屋建ての建物はなくなり、窓が小さく、軒の出の少ない箱形の建物になってしまいました。敷地の縮小で建坪が小さくなり、総二階建ての住宅が定着し、三階建ての建物も増えてきました。

箱形の建物には屋根の形がまるで見えません。軒下空間がなくなり、縁側がなくなり、自然と人との交感がない住環境で、家並みの景観も貧しいものに変わってしまいました。

社会学者の磯村英一氏（一九〇三～一九九七）は、その著書『住まいの社会学20の章』のなかで次のように記しています。

ルイス・マンフォードは「日本人は、どうして家屋の屋根の美しさを忘れるのか」と、質問してきた。「日本の建物の屋根の傾斜の角度は、自然の雨風と人間の住まいとが、もっとも美しく調和した線の姿。それは富士山の裾野の傾斜に似ている。この美しさは、日本の居住生活の趣味の豊かさを表現している。それが最近ではコンクリートの構造になって屋根の形が変わってしまった。これは日本人が自然との調和を忘れたことになる。納得できない」という。

屋根のつくりには基本的に、切妻造、寄棟造、入母屋造、片流れの四種類があります。

一見、複雑な構成の和風建築であっても、概ねこれらの組み合わせに集約できます。和風建築は屋根のつくりが重要で、特に数寄屋は屋根の形にこだわります。古建築の社寺建築や民家などの屋根は、茅葺《かやぶき》・檜皮葺《ひわだぶき》・柿葺《こけらぶき》・瓦葺《かわらぶき》などで、屋根勾配も急で豪壮で美しくつくられていますが、数寄屋造りは、屋根勾配は緩く、軽快につくります。軒を低くして、その先端を薄くシャープにして外観を美しく見せる工夫をします。

数寄屋造りの屋根は自然との調和を大事にます。自然のなかに溶け込むように、竹や紅葉などの樹木のなかで、瀟洒なたたずまいを感じさせるようなつくり方をします。

民家や寺院の屋根は通常一つ屋根で堂々として巨大であるのにたいして、数寄屋造りの平面は凸凹が多く複雑であるのが普通だから、屋根もまたいくつかの小屋根が複雑に絡み合って軽快につくります。数寄屋造りで深い軒もなるべく竹や丸太を使って軽味を出すように工夫をこらします。

数寄屋大工の棟梁安井清さんは、著書『伝統建築と日本人の知恵』のなかで次のように述べています。

「村野先生は、デザインから見て、屋根の勾配が一番大切やといっておられました。軒の深い日本建築で、最も美しい屋根のカーブとは、どれくらいの勾配でしょうか。急なものより緩やかなほうが美しいですけれども、その限界、極限の姿を先生は追求されていました。

ふつうは一尺に対して、四寸五分か五寸、数寄屋でいえば四寸ぐらいが標準ですが、三寸五分が限界です。それ以上緩くすれば、雨が噴き上げたとき、中に入ってくる恐れがあります。この限界のところが一番美しいのや、とおっしゃって、先生の設計する建物はその限界までぜんぶ持っていかれる。でも、施工する側は大変です。だから建物を見れば、これは村野先生が設計しはった建物だと、一目でわかります。

いまの京都の都ホテルに、『佳水園』という数寄屋の建物がありますが、この屋根の勾配を理想的な形にするために、中にはすごい量の鉄骨が入っています。私ら数寄屋の伝統では、桔木《はねぎ》＊2を使って、上の荷重を桔木の支点にかけて天秤式に跳ね上げる方法を取りますけれども、先生は鉄骨を入れてもいいから限界に挑戦する。それが美しいデザイン、美しい屋根の形だと、そこまで徹底しておられました」

日本の歴史的建造物の九〇％以上は木造建築であり、大工職人、左官職人、屋根職人の長い経験と技術の蓄積によってつくられてきました。特に、日本の古建築は「屋根が美しい」といわれます。屋根は建物の頭というより顔のようなもので、遠くから建物を見た時に一番目につくのは屋根です。屋根の形によって建物の全体のイメージが創出されます。

古建築の屋根は、茅葺・檜皮葺・柿葺・瓦葺でつくられています。現在、文化財保護法に基づき国宝・重要文化財に指定されている建造物は約二四〇〇件（国宝含む）で、棟数は約四七〇〇棟（国宝含む）。これら建造物を保存することから、全国で毎年約二四〇棟の修理が行われています。主な修復は三〇〜四〇年ごとの屋根の葺き替えであり、数十年ごとに行われる大規模な修理も定期的に行われています。そのために伝統的な修理技術を持つ職人の育成や修理用資材の確保が必要とされています。

この古建築のような木造でつくる社寺仏閣の建築は現在ではつくられていないし、技術者もいなくなっています。したがって、文化庁では、これらの修理技術者や伝統技術者などの育成事業を行っています。

修理に必要な技術を選定保存技術として選定し、保存団体や個人を認定し、現在、建造物関係では、建造物修理（文化財修理技術者の育成）、建造物木工（修理大工の育成）、屋根瓦製作、本瓦葺、檜皮葺・柿葺・茅葺、鋳物製作、錺金物製作、建造物色彩、建具製作、竹釘製作、檜皮採取、左官、規矩術（古代、中世）、建築模型製作などを選定保存技術として選定し、技術の向上、後継者の育成、記録の作成などの事業を行い、高度な技術を持った技術者、技能者の育成と伝統技術の継承を図っています。

特に、修理技術者、建造物木工、檜皮葺・柿葺、茅葺、建造物彩色については、国の援助によって毎年研修会が行われています。また、屋根瓦製作、本瓦葺、左官についても、芸術文化振興基金などの援助によって文化庁の指導のもとに毎年研修会が開催されています。

日本の社寺建築や民家の茅葺や瓦葺の古建築の屋根は、確かに日本の風土に溶け込んでいて荘厳で美しい。小屋組み一つとってみても、無神経な組み方でなく、小屋梁の選び方、垂木《たるき》の処理の仕方についても、緻密に工夫していたのではないかと思います。

文学における古典のように長い歴史のなかでその存在の価値が評価され、歴史的に保存が必要と認められたその価値観は、古建築のその美しい屋根の小屋組みや、高山地方などに見られるその地域の独特の屋根の形の美しさに負うところが大きいのではないでしょうか。

笹の葉さらさら軒端に揺れる

日本建築の特徴として傾斜した屋根があります。この屋根はその先端に軒を形成します。日本建築の際だった特徴の一つが、軒や庇のあること、つまり外壁から軒や庇が突き出ていて、それが屋根と一体になっていることです。

日本の自然にあっては、軒の下で風に吹かれての生活がことのほか魅力的であって、日本は壁面に穿たれた孔（窓）から外的な自然を眺めるよりは、自分の座っているところが自然の一部であることを求めます。

しかし、それは単に場所の問題でなく、自分の存在そのものと自然との深いつながりがあることに満足することに通じます。ともあれ軒と縁で構成された空間こそ、日本建築の真髄であって、屋内から庭へ、また逆に庭から縁側への空間の波動のなかで、人と自然との共存が行われます。そこでは人と自然とは対立するものではないのです。日本の家は、このように住まいを周囲の自然のなかに拡げることで、豊かな生活を営んできたのです。

自然に対応する人間のひとつの知恵として、長い軒の出は格好の室内気候の調節の手段でもありました。強い陽ざし、大量の雨に対する巧妙にして簡単な調節装置であったのです。

つまり軒の出を適当に調節することによって、夏の熱源をふんだんに利用することができました。また雨の降りしきる日でも、長い軒があれば、ガラス戸や障子を開放しておいたままでも外の風景を楽しむことができるのです。

ことに蒸し暑い季節では、室を開放しておくことは不可欠の要素でもありました。また長い軒は外壁を保護し、建物の腐朽を防止する効果もありました。

たしかに軒は室内気候調節の巧みな手段でした。しかし、現代の文明は、もはや軒にかわるべき室内気候を調整する機械装置を考案しました。おそらく、機械は軒よりももっと快適に室内気候を調節してくれるでしょう。エアコンディションの装置が一般的になりました。

住まいの物理的条件からいっても、軒端《のきば》が長いと、冬の日ざしは入るし、直射日光がささない。ということで夏の暑さが相当しのげるとか、いろいろな好条件がありま す。

そういう条件はあるけれど、それ以外に何かここにはもっとおもしろい役割や機能がたくさんあるのではないでしょうか。

谷崎潤一郎は『陰翳礼讃』の中でこのように説明しています。

「われわれは、それでなくても太陽の光線の這入りにくい座敷の外側へ、土庇を出したり縁側を附けたりして一層日光を遠のける。そして室内へは、庭からの反射が障子を透してほの明るく忍び込むようにする。われわれの座敷の美の要素は、この間接の鈍い光線に外ならない」

また、本来の屋根だけではたりず、庇をつけ、さらに孫庇までつけるのは、日ざしを防ぐという用途のほかに、深々と住みたがる日本人の民族性のようなものが作用しているのではないかと思います。

日本の家は屋内と戸外の空間が波動します。座敷・縁側・濡れ縁・庭と、内から外へと拡散してゆく空間が、静（内）から動（外）へと波動するのが日本の空間です。日本人の自然との一体感は、戸外に出て自らを自然の流れのなかにおくことを良しとしています。風の流れのなかに身をおき、梅の香りを愛で、ほととぎすの声を聞き、あるいは日光に身を曝して、はじめて自然との一体感がこころにひびきます。日本人の自然との接触は、聴覚、臭覚、触覚と全身的で、視覚だけではないのです。

夏は太陽の高度が高く日中の太陽光線の角度は急ですから、庇を深く出すと夏の強い陽射しが室内に入ることを防ぎ、冬は太陽の高度が低く庇があっても弱い日差しは斜めに室内に入ります。昔から日本人は雨の日でもガラス戸や障子を開き、雨の音を聞きながら雨にけぶる自然の風景を楽しんできたのです。

軒端《のきば》というと今では耳慣れない言葉でしょうが、屋根が壁面より飛び出している部分をいいます。また、軒のはし、軒の近くをさしていうこともあります。軒下で雨宿りをすることも昔の風景にありました。

「笹の葉さらさら」という『七夕様』という歌は、日本人ならほとんどの方が知っているのではないでしょうか。

笹の葉さらさら　軒端に揺れる　お星さまきらきら　金銀砂子
五色の短冊　私が書いた　お星さまきらきら　空から見てる

軒下といえば、昭和三四年の小津安二郎の映画『浮草』を思い出します。旅回りの一座を率いる嵐駒十郎を演ずる中村鴈治郎と京マチ子が軒下で右往左往しながら、ざあざあ雨の降る道を挟んで激しく罵り合うシーンが印象的です。このような日本的な風景を演出するのが小津安二郎の得意技で、この作品を非常に面白くしています。

「中村鴈治郎は、『浮草』の軒下で喧嘩する雨降りのシークェンスに、まる一日かかったことを思い出している。彼と京マチ子は、撮影が終わった時、発熱してしまい、小津はこのシークェンスに満足して、二人に二日の休みを与えたという」（ドナルド・リチー著『小津安二郎の美学』より）。

この作品は昭和九年制作の『浮草物語』のリメイク作品です。『浮草物語』では、

「雨を降らせるのには費用がかかるため、松竹の撮影所では少ししか雨を降らさなかった。そのため、小津が松竹で撮った作品は、まったくといっていいほど雨のシーンを最初から入れないようにした。しかし大映で『浮草』を撮った時には、積年の思いを晴らすかのように威勢よく雨を降らせている」(浜野保樹著『小津安二郎』より)。

小津監督は昭和九年の無声時代に撮った『浮草物語』の再映画化を、はじめ、北陸の雪のなかでやってみたくて「大根役者」というシナリオを書き、北陸の猛吹雪を背景に撮影するつもりだったが、この年は雪が浅くぜんぜん絵にならないとしていったん中止にした企画を、かねてより大映に一作品を懇望されていて昭和三四年に撮る機会ができたので、場所を志摩半島の波切の漁港に移し変え、題も『浮草』として撮ったものです。

日本の現在の建築基準法は、屋根や軒の出に一定の制限を設けています。屋根や軒の出が一メートルを超える場合には、その超えた部分の面積は、建築面積に入れて建蔽率に含めなさい、というものです。つまり、敷地に対して建蔽率がいっぱいならば、屋根や軒の出は柱や壁芯から一メートル以内にしなさいというものです。

都市での狭い敷地ではやむを得ない規制かも知れませんが、屋根や軒の出を法律で決められているのには、なんとなく違和感を持ちます。

しかし、現実には現代の都市住宅は屋根の出は一メートルどころか軒樋をつけるに必要なわずかな出、しかありません。軒も庇もほとんど設けていません。これで日本の住宅といえるのでしょうか。

やはり「日本の和の住まい」は都市では生きられないのではないでしょうか。

日本の風土に根ざした美しいものが消えていく

戦後の日本は建築においても欧米文化の価値基準においても、近代化の名の下に効率性や合理性を優先し、日本の風土に根ざした美しいもの、日本の伝統文化のこころに感じる大切なものをないがしろにしてきました。

近代建築は合理性と機能性を優先し、余分なものを削り落として遊びを排除することであり、工場加工の新建材の開発により、職人による手作業を極力削減することでした。

これにより、土壁、漆喰《しっくい》、畳、障子、襖など職人の技術による日本的なもの、日本らしさが日本家屋から消えていきました。工場でつくられた部品を組み合わされてつくられた住宅や、新建材に囲まれた室内空間は潤いがなく乾いたものになりました。また、経済発展を実現したものの「ゆとり」や「豊かさ」が失われ、日本人の美意識もおかしくなりました。生活は豊かになったが、こころが貧しくなってしまいました。「ビルトアンドスクラップ」の消費型の社会から「いいものをつくって、長く大切に使う」ストック型への転換が急務になっています。塗り壁の復活が求められる時代になってきたのです。

多雨湿潤の風土に身を置く日本の「家のつくりようは、湿気対策を旨とすべし」です。塗り壁は、湿気の多い日本の環境に適した材料です。調湿能力やＶＯＣ（有機化学物質）の吸着機能があり室内の環境を良好に保ち、柔らかに人の健康を守ってくれます。

土壁の土も漆喰の原料である石灰もすべて日本国内で産出できる天然素材であり、日本古来の伝統的な壁材です。土壁や漆喰は天然の色で仕上げることができます。その土壁は人に優しいものです。しかも、塗り壁のテクスチャーによっていろいろな表情が現れます。

それは自然素材のもつ天然の柔らかさであり、時間の経つほど微妙に変化し、いつまでも飽きのこない色合いを保ちます。安らかで住み心地のよい空間をつくってくれる建材だと思います。ビニールクロスなどの新建材は施工した時が最も綺麗ですが、時間の経緯とともにだんだん劣化して醜くなっていきます。ここが塗り壁との大きな違いです。

つまり、美しいものと綺麗なものとの違いです。美しいものとは目・耳・心にうっとりさせる感じで訴えてくるものであり、綺麗なものとは見た目がきらびやかで派手で美しい様子をいいますが、すぐに飽きが来ます。塗り壁の美しさは永遠に続きます。

塗り壁の左官の魅力は限りなくあります。土の素材の面白さ、テクスチャーの多様さ、鍛錬すればするほど腕が上がる職人の世界、美的センスや感性を最も大切にする技術の世界です。塗り壁の良さは塗った者にしかわからないのが残念です。建主にしても塗り壁の家に住んでみて初めて本当の良さが実感できるものなのです。

現在マンションや戸建住宅では塗り壁はほとんど施工されていません。塗り壁はピンキリでいくらかかるかわからない。また、現場は職人任せで、そのテクスチャーは塗ってみないとわからない、またその仕様と予算と工程の管理が難しくて扱いにくいという理由で、左官の技術がビルダーから悉く敬遠されてきたのが現状です。

塗り壁の施工費は乾式構法の価格よりも一桁高いかもしれませんが、塗り壁の湿式構法による建築費のコストアップは、建築費の全体に比してわずかなものです。しかし、それによる建物のグレードが格段に上がり、その仕上がりの効果は長期にわたって計り知れない価値があります。

塗り壁は環境にやさしく表情豊か

土は地球上で最も入手しやすい素材です。これを焼けば土器となり煉瓦となります。その土を生のまま使用すれば建築材料となります。塗り壁の左官工事の歴史は、土器・煉瓦よりも古く、人類の文明とともに始まったもので、土は人類最古の建築素材でありながら、しかも現代最先端の建築素材であります。

塗り壁は自然を住宅の内部に取り入れる庭屋一如の精神に合致したものです。どんなに時代が変わり新しい材料が開発され、時代が要求する新しい構法や仕上げがつくりだされても、日本人のDNAのなかに土や塗り壁は存在するのです。たとえ石油や石炭などの化石燃料が枯渇しても、草と石と土が残っている限り塗り壁がなくなることはありません。

本来、伝統的な日本の家屋の壁は土を塗って仕上げたものです。だから「塗り」にも「壁」にも「土」の字が入っています。

壁土の特性は、水と藁苆《わらすさ》を混ぜてぬることによって粘り気がでて、乾燥したら堅い壁ができることです。そして、割れない、火に強い、地震に対する強度もあります。左官工事が長い寿命を保ってきたのには、その他にもいろいろな理由がたくさんあります。

建築材料が本来持っていなければならない耐火性・断熱性・遮音性などの性質を備えています。そしていわゆる新建材と呼ばれる工業製品ではほとんど期待できない湿気性があり、湿度に耐えることができます。湿気を吸ってもまた乾く、湿度調節をする能力があります。

土壁は音をはねかえさない吸音性もあります。土壁に障子、襖の空間はうつろにひびくことがないので話がしやすくなって、話にカドが立ちません。人間が生活する環境にやさしく、住まいの建築材料としてとてもいいものです。

また、土壁の製造や廃棄に無駄なエネルギーを浪費せず、エネルギーの浪費率はあらゆる素材のなかで最も小さく、CO_2排出の面から見ても地球環境にやさしく、地球温暖化防止に役立つ壁材だということです。

また一度使った壁土を何十年か後に、新しい土に混ぜて再び壁にすることができます。つまり何度もリサイクルができる、つまり究極のエコ材料なのです。苆《すさ》も原料が稲藁なのでそのまま放置すれば自然と発酵分解し、最終的には地球の表土に戻ります。要するに、すべてが産業廃棄物にならないのです。

さらに、左官工事は施工面でも他の壁材の追随を許さない特殊性があります。いかに広い面積でも継ぎ目なしに仕上げることができる展伸性の性質と、いかに複雑な形でも自由に造形することができる可塑性という性質を持っていることです。

土には色がついています。採れる場所によって色が違います。黄色っぽい土、赤っぽい土、赤茶でも濃い薄いがあり、鼠色もあり白い土もあります。さらに、年数が経つとだんだんと色合いが変わって、味わいがでてきます。このように土塗り壁の特徴はその表面仕上げと色の多彩さにあります。また、土の粒子の粗さや細かさ、砂粒の粗さや細かさ、苆《すさ》の太さや長さによっても表情が変わります。

日本には数多くの色土が存在します。その土地ならではの色土があり、土壁の多種多彩な色の組み合わせにより、場所や場面に合わせて演出できるのも土壁の魅力の一つです。

土塗り壁といえば、和室の聚楽壁を思い浮かべる人も多いと思います。聚楽土は、秀吉が営んだ京都の聚楽第跡地付近で採れる土でこの名がついています。味わいのある渋い茶褐色の土で、京都の中心部ですら、大規模な地下工事が行われる時に採れるくらいで希少価値となっています。一般に出回っている聚楽壁というものは、他所に産する色土で既調合された仕上げ材がほとんどです。ほんものは「本聚楽」といいますが、そう簡単には手に入りません。

伝統的な和風住宅や数寄屋造りの内壁は、ほとんどが塗り壁です。

塗り壁とは、竹小舞または木小舞の下地の上に、土などの素材を、荒塗り（荒壁）、中塗り、上塗りと何層にも塗って仕上げた壁のことです。荒壁と中塗りの大きな違いは砂が入っているかどうかの違いです。最終仕上げの「上塗り」を土で仕上げたものが「土壁」（聚楽壁や大津壁など）で、漆喰で仕上げたものが「漆喰壁」です。

構法を指す呼称は、左官職による手仕事を意味する「左官構法」や、クロス張りや板張りなどの乾式構法に対して「湿式構法」と呼ばれています。

塗り壁の上塗りの素材は、土、砂、水、また石灰、藁苆《わらすさ》、海草の糊などの身近な自然素材を原料としたもので、職人の手仕事から生まれる味わい深い伝統的な内装材です。

塗り壁の部屋には長時間いても、ずっとくつろげる不思議な魅力があります。シックハウス症候群の原因となる物質やにおいを吸収し、人にやさしく、なぜか気持ちが安らぎ、こころが癒され、落ちつく、ということです。

土壁はほとんど自己主張しません。特に聚楽壁の色と肌合いは自分が目立たず、周りの柱や天井、障子や襖を引き立てる役割を果たしています。しかし、正面からの光ではあまり変化が見られませんが、斜めから光を受けると、驚くような表情が浮かび上がります。それが土壁に生き生きとした表情を与えているのです。朝の光が差し込んだ壁、昼間の障子越しの光、夕焼けの色を映した壁、夜には人工の光による表情と、多彩な壁を演出できます。

谷崎潤一郎は、昭和の初期の著書『陰翳礼讃』で次のように書いています。

「美と云うものは常に生活の実際から発達するもので、暗い部屋に住むことを余儀なくされたわれわれの先祖は、いつしか陰翳のうちに美を発見し、やがて美の目的に添うように陰翳を利用するに至った。事実、日本座敷の美は全く陰翳の濃淡に依って生まれているので、それ以外に何もない。

西洋人が日本座敷を見てその簡素なのに驚き、ただ灰色の壁があるばかりで何の装飾もないと云う風に感じるのは尤もであるけれども、それは陰翳の謎を解しないからである。

われわれは、それでなくても太陽の光線の這入りにくい座敷の外側へ、土庇を出したり縁側を附けたりして一層日光を遠のける。そして室内へは、庭からの反射が障子を透してほの明るく忍び込むようにする。

われわれの座敷の美の要素は、この間接の鈍い光線に外ならない。われわれは、この力のない、わびしい、果敢ない光線が、しんみり落ち着いて座敷の壁へ沁み込むように、わざと調子の弱い色の砂壁を塗る。土蔵とか、厠とか、廊下のようなところへ塗るには照りをつけるが、座敷の壁は殆ど砂壁で、めったに光らせない。もし光らせたら、その乏しい光線の、柔らかい弱い味が消える。

我等は何処までも、見るからにおぼつかなげな外光が、黄昏色の壁の面に取り着いて辛くも余命を保っている、あの繊細な明るさを楽しむ。我等に取ってはこの壁の上の明るさ或はほのぐらさが何物の装飾にも優るのであり、しみじみと見飽きがしないのである。

されればそれらの砂壁がその明るさを乱さないようにとただ一と色の無地に塗ってあるのも当然であって、座敷毎に少しずつ地色は違うけれども、何とその違いの微かであることよ。それは色の違いと云うよりもほんの僅かな濃淡の差異、見る人の気分の相違と云う程のものでしかない。しかしその壁の色のほのかな違いに依って、また幾らかづつ各々の部屋の陰翳が異なった色調を帯びるのである」

塗り壁の技術は多彩で奥が深い

塗り壁の技術は一三〇〇年の長きにわたって左官職のなかに受け継がれ、日本人の生活に溶け込み、住環境をつくってきました。

壁の上塗り仕上げには、土物砂壁（聚楽土など）・大津壁・漆喰など多種多様な種類があります。土物砂壁と大津壁と漆喰壁の基本仕上げの違いは、土物砂壁には石灰が入っていない。漆喰壁には土が入っていない。大津壁には、土と石灰の両方が入っていることです。仕上げの肌合いは、材料ごしらえの段階から塗りのテクスチャーや職人の感性と技能によって、まったく違ったものになります。

材料ごしらえは、素材選びにはじまり、土や砂の粒子の粗さや苆《すさ》の太さ長さの工夫、またそれを混ぜ合わせる分量の割合などが重要で、職人の経験と感性で決められ、職人の秘伝といわれるものまであります。

壁塗りは、職人の独自に考案した多種類の鏝《こて》により、引き摺り、撫で摺り、押さえ、磨きなど、いろいろなテクスチャーで施工されます。

土物砂壁いわゆる土壁の上塗りには、水捏ね仕上げと糊捏ね仕上げがあります。「水捏ね撫で擦り仕上げが女王様なら、大津磨きは王様」といわれる「大津磨き壁」は、高度な技術と手間がかかります。最近あまり見ることができない塗り壁です。「大津壁」は、色土（浅黄土・黄土・白土）と消石灰や貝灰を混ぜ、つなぎ材として麻苆や紙苆などを加え、糊を入れず水で練ったものを上塗り仕上げした壁です。施工には高い技術が必要になります。

大津壁に使用する色土は淡路島の浅葱土、京都の黄土、岐阜の白土などで浅葱大津、黄大津、白大津などといわれています。大津仕上げの塗り厚は二ミリメートル程度と薄いため、粒度が粗い土は使用できないので篩《ふるい》にかけ、粗い部分を取り除いたきめの細かい色土のみ使用します。

「漆喰壁」は、石灰（消石灰、貝灰）に糊と苆を混ぜて水で練り上げた材料を上塗り用に用いた仕上げで、日本の代表的な壁の一つです。漆喰の白さは穏やかで、奥行きが感じられる独特の質感を持っています。耐水性があるため内外の壁に使われ、空気に触れて乾燥することで硬化し、炭酸石灰となります。中塗り仕舞の砂漆喰の他、色や仕上げの程度など幅広い種類があります。

「土佐漆喰」は、高知県でしか製造されない独特の漆喰です。一般的な漆喰の原料は消石灰、海草糊、麻苆などですが、土佐漆喰は、石灰原石に多量の岩石を混入し土中窯で燃焼してできた消石灰（地灰）に、発酵した稲藁と水を混入して練ったもので、糊を必要としない強固な粘性を持った漆喰です。築後一〇〇年を経ても衰えない風合いの美しさや堅牢性が、近年再認識され、また左官職人によって土佐漆喰に多様な色土を混ぜた新しい外壁が模索されています。

漆喰には「本漆喰」と漆喰風があります。現代では天然のもののみでつくられる「本漆喰」の需要は少なくなりました。その代わりに化学樹脂を接着剤として使ったり、化学繊維でできた苆を混ぜた、新建材の漆喰が生まれたりしています。これは「本漆喰」とは程遠いものです。

「土入り漆喰」は逆に漆喰に少量の色土で着色した材料を、硬押さえした壁のことです。

「漆喰パラリ仕上げ」は桂離宮に採用されている仕上げです。このパラリ仕上げは京都御所にも使われています。漆喰のなかに石灰の固まりの粒を混入させて塗りつけると、乾燥後その粒が壁の表面に「パラリ」と浮き上がってくる仕上げです。

「半田撫で切り仕上げ」は土壁と漆喰をだいたい半々にした材料を塗り付け、鏝押さえと違って鏝で撫であげる仕上げなので、「やんわり」とした仕上げです。

半田《はんだ》とは、もともと「土佐漆喰」を施工する際に中塗りの行程として塗られていた材料のことです。土壁のような優しい表情と土壁よりも表面強度があるということを併せもっているのが特徴で、最近よく使用されています。

漆喰と土を混ぜた仕上げに「大津壁」や「土入り漆喰」などがありますが、その違いは石灰の配合割合です。

伝統的な塗り壁、いわゆる土壁は竹小舞または木小舞の上に土や苆などの素材でつくった荒壁を塗り、十分寝かせた上に土に砂などを混入した中塗り壁を施した下地の上に、上塗りとして種々の聚楽などの土や漆喰を塗り重ねて仕上げた壁のことをいいます。つまり、土壁は竹小舞または木小舞の下地に荒壁を塗り、中塗壁を塗った上に上塗りの仕上げに各種の土や漆喰などを塗った三層の壁仕上げのことです。

その上塗りの仕上げにいろいろな技術（押え、撫で、引き刷り、磨きなど）があり、壁の表情を豊かにしているのです。

しかし、現代で使われている下地はほとんどが石膏ボードです。石膏ボードには調湿性がないため、その上に漆喰を塗っても調湿しません。現在流通している漆喰の多くは、古来の本漆喰と異なる「漆喰調」の塗り壁がほとんどといえます。

左官業界の現状は惨憺たるものです。昭和三〇年代頃から、湿式構法が次第に乾式構法（石膏ラスボード下地、構造合板下地、ラス下地等々）に変わりました。工期短縮や職人の人件費の削減が主な原因です。

ビニールクロスなどの新建材の普及などにより、従来の塗り壁の真壁構法はすっか

土壁の下地材　竹小舞

竹小舞下地の上に荒壁を塗る

りなくなりました。さらにハウジングメーカーなどが塗装や塗り壁を必要としない住宅を提供するに至り、左官は息の根を止められました。

塗り壁は、塗りから仕上げまで何層にも塗り重ねなければならず、その層ごとに乾燥を必要とし、それだけ工期を長く要します。次に塗り壁の素材は土・砂・藁苆などで、それらに水を加えて、原則的には現場で捏ねて寝かして発酵させなければなりません。そのために敷地にそれだけのスペースが必要になります。さらにそれらの自然素材を混ぜ合わせ調合する分量の割合は左官職人の裁量になります。

そこでもし、現場に経験豊富で技術優秀な技術者が配置されれば、工業製品など足元にも及ばない芸術作品を期待することができます。しかしそうでなければ、仮に同じ素材を使ったとしても、粗悪な仕上がりになりかねません。要するに材料ごしらえに信頼し得る規格がなく、調合や塗り付けに適切なマニュアルがあるわけでもないから、出来映えの良し悪しはもっぱらそれを施工する左官職人に左右されてしまいます。

このような理由で塗り壁は、ハウジングメーカーに悉く嫌われることはやむを得ないことかもしれません。職人の技に頼り、職人の腕によって仕上げの良さにばらつきがあり、品質が安定していないこと、工事期間が長いこと、仕上げが多用でコストがまちまちであること、それらを管理する工事管理者の知識の不足など。つまり、施主の好みや土壁の良さを理解できないところでは塗り壁は難しいのかもしれません。

将来この種の構法が再び日本の住宅の壁の主流を占めるとは、いかにひいき目に見ても考え難いものがあります。しかしだからといって、この左官構法を日本住宅からすべて葬ってしまうことはあってはならないことと思います。それは日本の伝統文化を否定することにつながるからです。一方、その仕事が皆無になることも絶対にあり得ないと思います。

文化財建造物の修理工事のためには、将来にわたり左官工事は続くであろうし必要なことです。

よく見れば、塗り壁を嫌っているのは、ローコストの小住宅を主に施工している住宅供給業者であり、それを購入している住宅需給者です。これらの短命な規格型の小住宅はいずれ淘汰されていくでしょう。

現在日本人のライフスタイルが、核家族化から二世代または三世代にわたる生活様式へと変化し始めています。家に対する考えが、短期（二〇年）から長期（一〇〇年）へと変わっていけば、質が良くて長持ちする家を求めるようになります。

良質な住宅づくりは、日本の伝統的な住宅に近いものに変わっていくでしょう。住宅の工期は何年もの手間（予算）と暇（時間）をかけてゆっくりつくられるようになります。

また、経済的にゆとりのある建主によって高級住宅も引き続け建てられることでしょうから、数はともかく、左官や大工の職人を必要とすることは今後とも変わりないと思われます。

近い将来、竹小舞下地の塗り壁でできる真壁造りの軸組構法の復活も夢ではなくなると思います。外の環境に負担をかけないで、室内の環境が良い住まいで長く住める住宅をつくることが、近代建築に侵されている今だからこそ必要とされているのです。

住まいは、一〇〇年前に建てられた家を参考にしてつくる家であり、これからつくる住まいは、一〇〇年のあいだ愛着を持ち住み続けることに誇りをもてる家でありたいと思います。

二〇世紀建築について、建築史家で建築家の藤森照信さんと宗教史学者で文化人類学者の中沢新一さんは次のように述べています。

藤森　自然と建築の問題を煎じつめて考えると、二十世紀建築は、それまでの伝統的な材料、自然的なものを使わなくなった。それまでの建築と自然を全部否定して壊してできたものなんです。二十世紀の建築家たちを支えたのは科学・技術です。二十世紀は科学・技術を原理にした時代だし、建築にとっては数学がそのまま原理です。

中沢　経済がこんなひどいことになってしまった一つの原因はその根本原則にあるんです。今のグローバリズムの原則をざっと整理するとこうなります。

欲望する個人が出発点である。

経済活動の外部性、すなわち自然のことは無視する。

生産は瞬間的に行われる。

この原則は、ほとんど近代建築の原則と同じです。数学がベースにあって、外部性を除去して、生産プロセスは効率的に瞬間的に行われる、という原則です。

（伊東豊雄・中沢新一共著『建築の大転換』より）

＊1　文部省唱歌

　明治四三年の「尋常小学読本唱歌」から昭和一九年の「高等科音楽一」までの教科書に掲載された楽曲で、学年別に振り分けた唱歌全一二〇曲を編集した。当時、文部省は作詞家・作曲者に高額な報酬を払い、名は一切出さずまた作者本人も口外しないという契約を交わし、国がつくった歌として「文部省唱歌」として世に出した。「かたつむり」「春が来た」「夕焼け小焼け」「茶摘み」「春の小川」「朧月夜」「故郷」など今でも愛唱されている曲が多い。この「鯉のぼり」は小学五年の音楽教材必須曲であった。

＊2　桔木（はねぎ）

　梃子（てこ）の原理を利用して、長く突き出ている軒先を支えるために、軒裏から小屋組内に取り付けられる材。

第6章

畳・障子・襖は日本の文化

畳は和の象徴

畳の歴史は古く、平安時代には貴族の座る部分だけに使われ、部屋全体に敷かれるようになるのは鎌倉時代以降のことです。部屋に敷きつめられていく過程で天井や壁、襖や障子などと一体化され、「和風住宅」という日本独特の空間を生み出しました。畳という道具が建築化し、部屋一面に敷きつめられると、立ってよし、座ってよし、寝てよし、と部屋は最も自由な機能を果たすようになり、転用性ですべての人が畳という同一平面上で暮らすようになります。

畳に座るという姿勢は私たちのしぐさや振る舞いの基本の型であり、この状態から様々な座礼の作法、お辞儀などの所作が生まれます。家に上がる時に脱いだ靴をそろえて向きを変えておく習慣、正座し両手をついての挨拶、襖や障子の開け閉めのしぐさの作法など。

食事の際には、お膳《ぜん》や卓袱台《ちゃぶだい》を前にして「いただきます」、食事の後に「ごちそうさま」。寝る時は「おやすみなさい」など日本独特の作法や美しい立ち居振る舞いのしぐさは、すべて畳の上で行う床座の生活から育まれてきたものではないでしょうか。日本人の精神は畳によって躾けられてきました。洋風化が進むなかにあっても日本の住宅に靴のまま上がることを頑として許さなかったのは、畳のしつらえからきているのです。

畳は、部屋の広さや用途を表すだけではなく、床の間のある座敷を中心として、日常的な立ち振る舞いの美しい所作を育み、上品で豊かな生活文化の秩序を教え、潤いのある生活感をかもし出す雰囲気をつくってくれます。

戦前の日本に来て、桂離宮の美しさを世界に紹介したドイツの建築家ブルーノ・タウト（一八八〇～一九三八）は、「日本のタタミはイス、ソファー、安楽イス、寝台の役をしている。ときにはテーブルの代わりもする」といって感心しました。

外国の生活のように日本の住まいには家具が要らなかったのです。単純で素敵に感じる雰囲気は畳の効用性に負うところが大きいのではないでしょうか。

伝統的な和室の室内は柱を表に現し、部屋の仕切りは障子や襖の軽い建具で、床には本畳が敷かれていました。また、床の間があり、天井は木や竹でつくられていました。

天井や壁、建具などの素材や仕上げはいろいろな形や意匠を凝らしたデザインで変化しても、畳だけは昔と同じ形やデザインのスタイルで部屋の中心に納まっています。

さらに畳の魔力性は、どんな格式高い書院造りでも瀟洒な数寄屋造りでも神聖な茶室においても、畳のサイズや見た目の仕上げの表情はほとんど変わらなく、部屋の広さにも関係なく昔も今も頑なに畳の形そのものが、誰が見ても同じであるということです。

この姿はいかにも日本的であり、日本の風土と日本人の気質が生み出したものなのです。ですから畳は、単純であり、素朴であり、余情があり、潤いがあって日本人のこころを捉え、日本の「和」の象徴的なものとして存在し続けているのです。

日本間と洋間の違いは何かと問われると、畳が敷いてあるかないかでしょう、という答えが返ってきます。畳は床の材料というよりあくまでも「和室」を構成する一つの要素で、単に畳を敷いただけでは和室とはいえないが、洋風の家に畳が敷いている一部屋があると、和室が一室ありますというように、壁や天井が洋風であっても、床に畳が敷かれているだけで和室と思わせる雰囲気になります。ですから畳は、そのものの姿を最も日本的なものと思わせているのかも知れません。

現代では、畳敷きの日本間も少なくなり、畳を中心としての生活がなくなって、住まいに潤いやこころのよりどころがなくなり、人の感情もすっかり乾いたものになってしまいました。畳ばなれにより日本的なものが失われていく現在の現象はさびしいものです。

日本人は畳が好きです。畳のうえを素足で歩くことの感触の良さは何ものにも代えがたいものです。畳のうえでくつろぐことが何より快適で魅力だからこそ畳の部屋から離れられないのです。それは畳が自然素材だからでもありますが、日本の高温多湿の環境に最も適した床材でもあるからなのでしょう。

畳は通気性、保温性に優れ、夏をより涼しく冬をより暖かく過ごすのに適していきます。畳表の藺草《いぐさ》が蒸し暑い夏に汗を吸い取ってくれて心地よく、冬は畳床に含まれた空気が保温の役目を果たしてくれます。畳の弾力感、しっとりとした肌触り、色つや、あの青畳の独特な清々しい香りが癒しと落ち着きを与えてくれるのです。

畳の美しさは感触の美感。座ってよし、横になってもよし、寝てもよし、肌で味わう美しさ。それに加えての、野にいるような自然の快いにおいによる臭覚の美感。

さらに畳の色は一枚一枚が微妙に違います。縦向けに敷いた畳は、光に反射するから白っぽく見えます。横向きに敷いた畳は一目一目に影がさすから色も濃くなります。光線の加減で畳の色合いも違ってきます。畳の美は無機質の均質な美ではなく、自然性があり不揃いの美ともいえます。

このような畳には無類の詩情性があり、郷愁や哀愁という感情をも呼び起こします。この情感は、日本人の「和」のこころから生まれてくるものでしょう。「和」は「和む」とか「和らぐ」の意味であり、「厳しい状況から穏やかになること」や「癒される」の意味を持っています。完璧であることが必ずしも美しいものであるわけではなく、完全であることよりも、衰えや劣化を認め合い、それを愛するこころを持つことが大切であることを教えてくれるのです。

畳は人々の暮らしのなかで、労働と休息の姿に、いつも柔らかに和ませてくれる優れものなのです。

畳は部屋の健康度のバロメーター

新しい畳表は直射日光に当てると畳表の青みが早くあせたり、乾燥しすぎたりすることによってもろくなり、耐久性の劣化を早めて傷みやすくなります。また、畳表は有機物の草を使用していますので水分を吸収しやすく、湿気を過剰に含んだ室内ではカビが発生します。そのような状態になると、カビを食べるダニや、そのダニを食べるダニも発生しやすくなります。

現在の高気密性の増した住宅では、いちどに入り込んだ湿気が室内にとどまりやすくなっており、思わぬ時や所にカビが生えやすくなってしまいます。

畳の部屋で食事をしたり寝たりするのは不潔感があって嫌いだ、畳はカビが生えやすいから嫌だという人がいますが、これは畳が悪いのではなくカビが生えやすい不健康な部屋のつくりや環境に問題があるのです。畳こそが最も衛生的で清潔な床材だといえます。

一般に畳替えを怠り畳表が擦り切れるまで敷きっぱなしで、気密性が高く湿気がこもる部屋でかび臭い匂いを嗅いでいると、そういう思いになるのも当然かもしれません。

畳はある程度の湿気を好み、適時に風がスーッと通り抜ける通気性の良い部屋でしか生きられないのです。必要以上に冷暖房設備に頼ることのない、通気性が良く畳が好む部屋のつくりが、日本の風土に適した住み心地のいい住まいといえるのではないでしょうか。

畳は生きていて、室内環境に敏感に反応して、そこの住人よりも早く室内の環境の悪化を察知して警告を発しているのです。つまり、畳は部屋の健康度のバロメーターとしての役割を果たしているのです。

最近の高気密・高断熱の洋風の自然の風が通らない住宅では、畳は息をしづらく住みにくいので、洋風の住宅に畳がなくなるのはむしろ当然なのかもしれません。その住宅は日本においては必ずしも健康的な住まいでないことを、畳が教えてくれているのかもしれません。

畳は自然素材でできているので室内環境に敏感ですから、ふだんの手入れが必要です。畳表の表替えや取替えを頻繁に行えば、青畳の清涼感とともに自然のいい香りがして、いつも草原にいるような気分になります。少なくとも表替え（畳表の裏返し）は五～六年ごとに、畳表の取り替えは八～一〇年ごとに行うといいでしょう。表替えの費用は一畳当たり関東間で四〇〇〇円くらい、京間で五〇〇〇円くらいです。また、畳表の取替え費用は関東間で一畳当たり八〇〇〇円くらい、京間で一万円くらいです。

畳は畳表の藺草《いぐさ》と畳床の稲藁《いなわら》でできており、田んぼで生まれた自然の素材です。米が日本の主食であるのと同じように、畳は日本の住居の主体であり、雨の多い日本の風土で育った日本独特の文化なのです。

畳を覆っている畳表は、原料を藺草という草を用いて織り上げたものです。多年草の藺草を株分けにした苗を、厳冬の真冬に手作業で一本一本水田に植え付けます。梅雨の雨が新芽を伸ばし、十分に成長した藺草の刈り取りは真夏の朝夕時に行います。収穫した藺草を乾燥する前に泥染めをします。泥染めをすることによって、藺草を早く均質に乾燥することができるだけでなく、藺草の葉緑素・粘り・弾力性・艶が保たれるのです。そして乾燥・貯蔵して秋になって長さ・太さ・色調などを一定の基準で選ばれ、織り上げたものがはじめて畳表になります。

国内の藺草と稲藁でできている畳を「本畳」といいますが、この本畳は今日使用されている畳と呼ばれているもののなかのたった一割程度なのです。本畳以外の量産畳の価格は安く軽くて扱いやすいが品質にいろいろ難点が多く、先に記した本来の畳の良さとは別物と考えた方がいいでしょう。ほとんどの住宅に普及しているのが輸入物の畳表と建材畳の量産品なので、本来の畳の良さを理解されていないのが現実ではないでしょうか。

最近は畳を敷く部屋も減少の一途をたどり、農水省の調査では畳表の国内生産量（主に熊本県八代）は平成一七年度で七八二万枚であったものが、平成二五年度で三四三万と半数まで減っています。また、平成二五年度の畳表の輸入量（主に中国）は一三二七枚で、国内生産量の約四倍にまで達しています。畳表の約八〇％が中国製なのです。また、天然素材の藺草の代わりに化学繊維を使った畳表も徐々に普及しています。畳床についてはポリスチレンフォーム板やインシュレンボードを材料にした「建材畳」が製造され畳床の八〇％を占めています。稲藁のみでつくられている畳床の生産はわずか一二%以下です。

畳は空間を仕切っている

江戸時代以来日本の住宅には畳が必然であり、だいたい畳の数や寸法を基準にして、柱間の間隔や部屋の大きさなどを決めていました。したがって、日本の住宅における畳の寸法は、ただちに空間としての大きさを規定する要素でもありました。

江戸時代に京都を中心に「畳割」という設計手法が考案されました。畳割とは、畳の大きさと畳の置き方に合わせで柱と柱の間隔を決めていく手法です。「まず最初に畳ありき」で畳の位置を決めた後、畳の周囲に柱の位置が決められていきます。敷いてある畳の大きさがすべて同じサイズであることが条件で、畳をどこの場所に敷き変えてもピッタリと納まります。

畳割は、畳の寸法を基準にする平面計画法で、規格寸法の畳を用いて畳の数により部屋内の内法《うちのり》寸法を割り出し、その外側に柱を配置させて柱間寸法を決定する方法です。

規格寸法のものとしては一般的に京間畳が使われています。京間畳の寸法は六尺三寸（一九一センチメートル）×三尺一寸五分です。現在でも伝統的な手法でつくられる茶室は京間畳を使います。これは、茶道具や風炉先屏風などの寸法が、京間畳に合うようにつくられている場合が多いからでしょう。

規格寸法でつくられた京間畳は、畳の交換や祝儀・不祝儀の際の配置替え（敷き替え）が自在にできる利点がありますが、今では自宅で葬儀などをすることがなくなったので必要がないのかもしれません。

畳割では畳の大きさが常に一定になるように間取りを考えなくてはならないので、柱のサイズが変われば柱のスパンも変わるなど、平面計画では建物の構造の面から見ると大変面倒になります。建物の柱スパン割りの木造構法が優先されると畳割の時代は終わり、畳の主役の時代は終わりになります。

現在では、平面計画に際し、建物の機能、構造、構法に基づいて柱の芯々距離を、一間の長さ（一八二センチメートル）を基準にして柱の配置を決めています。これを「柱割」とか「スパン割り」ともいいます。「畳割」とは異なり畳の大きさは部屋によって異なるので、畳の寸法は、その場所の寸法に合わせたオーダーメイドで加工することになります。現代の木造住宅の間取りは、ほとんどがこの柱割で計画されています。

戦後の住宅不足に対応した日本住宅公団の鉄筋コンクリート・アパートや、マンションの登場によって一六〇センチメートルそこそこの畳が登場し、さらに民間木造アパートでは一四〇センチメートルという極小の畳が出現するようになり、そしてついに、日本の住宅から畳は消えていきます。

しかし、メートル法が尺度の基準となった現代においても、日本の家屋は、建築物の部分の単位寸法が畳を基準にしていることに特質があります。日本の畳というシステムは、平面の計画をつくれる便利な道具になっています。畳の数と敷き方を決めれば平面も自動的に決まるし、柱を立てる位置も自ずと決まります。建築で日本家屋をつくる時には、ほとんど畳サイズのイメージで平面計画を考え、設計図を作成しているようなものです。

部屋の形や広さや部屋の用途について「間」を用いて表し、六畳間、八畳間、広間、客間、居間、茶の間、床の間などというように、「畳」と「間」は日本人の生活空間の象徴的なモジュールとして重要な基準となっています。

それは空間をはかる基準だけでなく、たとえ畳が敷かれていなくても、四畳半、六畳、八畳などという呼称で空間スペースと生活感を表現する基準にもなっているのです。

四畳半はこころの寄り合う場所

半畳をまんなかにして四枚の畳がぐるりと渦巻状に取り囲むと、一・五間四方の正四角形の形ができます。これを「四畳半」といいます。

「畳」という広さというのは身の丈の「丈」、すなわち男子の身長に由来します。一畳とは、一人の人間が寝起きするのに必要な最小限の空間です。起きて半畳寝て一畳です。しかして、二畳の空間には二人、三畳には三人、四畳には四人ですが、四畳に四人のひざ詰めに相対する空間はなんとなく息苦しい。「少し間をおき、風情あって着座す」で、そこに半畳が加わることによって空間がこころの通う「直心の交わり」の場になります。

茶室で四畳半以下の広さを「小間」といい、四畳半以上の広さを「広間」といいます。

四畳半は小間でもあり、広間でもあり、茶室の基本の広さになっています。

「四畳半」が初めて現れるのは、室町幕府八代将軍の足利義政時代の一四八二年に遡ります。

義政は一四八二年に東山山荘の造営をはじめ、亡くなる一八九〇年まで八年間にわたり山荘の大工事を行っています。その一つに「東求堂《とうぐどう》」があります。堂内は四つの部屋からなり、東北側に「同仁斎《どうじんさい》」があります。この同仁斎と呼ばれる部屋が「四畳半」でできており、これが四畳半の始まりといわれています。「同仁斎」には平安時代にはまだ一般に登場していなかった明り障子があり、違い棚、敷きつめられた畳、天井張りなどで、今までなかった様式でつくられていることから、書院造りの原形ともいわれています。現在の和風建築とつながる重要な遺構となっております。

また、付け書院と違い棚を備えた四畳半で、炉が切られていたこともあり、茶室の始まりともいわれています。

義政は一四八三年に東求堂に移り住み、義政自身の絵画や茶道に取り組み趣味三昧の風雅な生活を送り、また多くの文人を東山山荘に集め支援しました。義政は、銀閣の完成を待たずに一四九〇年に死去しました。

銀閣は義政の逝去後に慈照寺銀閣として寺院となり、東求堂は義政の持仏堂になります。銀閣と東求堂は国宝に指定されています。

義政といえば「東山文化」と「東山御物《ひがしやまごもつ》」です。義政は政治的には無能といわれ、いわゆる一四六七年《ヒトヨムナシ》に始まり一〇年続いた応仁の乱を引き起こし、諸国は荒廃します。

しかし、そのなかでも義政は、東山文化を築き上げ歴史に名を刻みました。東山文化は、水墨画の雪舟、大和絵の土佐光信、狩野派の狩野正信・元信の親子、茶の湯は村田珠光、能楽に観阿弥・世阿弥の親子、文学に御伽草子・連歌、建築には枯山水・書院造りなど多数の文化を生みました。

「東山御物」は金閣寺を造営した義満はじめ、室町幕府歴代将軍の蒐集物を義政がまとめた御物全体を指していいます。

東山御物は足利幕府の弱体化により、ほとんどが四散していきました。安土桃山時代に入ると信長や秀吉によって東山御物の茶器が重んじられ、政治的にも利用され茶道文化の発展に重要な役割を担いました。現代に残る東山御物の多くは国宝や重要文化財に指定されています。

芭蕉は元禄七年（一六九四）六月二一日に、木節、支考、惟然、の三人の弟子とともに、大津の門人木節亭で句会をひらきます。

秋近き　心の寄るや　四畳半　　　　芭蕉

秋の近づく気配のなかで、「四畳半」という空間でしんみりとこころを寄せ合っています。

この句の「四畳半」の部屋は多分茶室であったのではないでしょうか。江戸時代には四畳半という言葉は、茶室の代名詞でもあったのです。こころを寄せ合う茶事の会であればこそ、三畳や六畳の部屋ではこの句は成立しなかったでしょう。四畳半という独特な雰囲気が、四人のこころを寄せ合っています。

七月の初めにも、木節亭を訪ねました。

ひやひやと　壁をふまえて　昼寝哉　　　芭蕉

木節の宅で厳しい残暑に、ごろりと横になって壁に足の裏をつけて昼寝をする。壁に触れるたびにヒヤッとする。部屋は四畳半でなく別の部屋であったのではないでしょうか。壁は土壁で漆喰塗りでしょう。望月木節は医者で、芭蕉の最期を大阪で看取った一人です。
九月より芭蕉の健康は急速に悪化しました。芭蕉は一〇月八日の夜更け、看病中の呑舟にこの句を代筆させました。芭蕉の最後の句です。

旅に病んで　夢は枯野を　かけ廻る　　芭蕉

元禄七年一〇月一二日午後四時、芭蕉は南御堂前の邸宅で五一歳の生涯を閉じました。

「四畳半」は、一九七〇年代頃まで学生などの青年向けの下宿や、間借りの広さの代表的なものでありました。例えば昭和二七年（一九五二）〜昭和五七年（一九八二）にかけて存在した木造二階建てアパートのトキワ荘は全室四畳半でした。手塚治虫、藤子不二雄、石ノ森章太郎、赤塚不二夫ら著名な漫画家が居住していたことで知られ、漫画の「聖地」でした。
また、一九七〇年代に流行った「四畳半フォーク」という言葉もありました。恋人同士だけの貧しい暮らしにおける純情的な内容を中心とした、政治とは関係ない私生活や個人の心情を歌ったフォークソングです。当時の青春時代は、生活は貧しかったが、こころは豊かでした。

代表例として、かぐや姫の「神田川」（作詞　喜多條忠・作曲　南こうせつ）があります。当時シングル盤の売上二〇〇万枚以上の大ヒット作品です。

貴方は　もう忘れたかしら
赤いてぬぐい　マフラーにして
二人で行った　横丁の風呂屋
一緒に出ようねって　言ったのに
いつも私が　待たされた
洗い髪が　芯まで冷えて
小さな石鹸　カタカタ鳴った
貴方は私の　からだを抱いて
冷たいねって　言ったのよ

若かったあの頃　何も恐くなかった
ただ貴方のやさしさが　恐かった

六〇年安保闘争のあと、七〇年代の若者文化を象徴する作品のひとつに数えられており、中野区の末広橋の近くの公園には「神田川」の歌碑が立てられています。

ちなみに、神田川の歌詞では、四畳半よりも狭い「三畳一間の小さな下宿」です。

一九七〇年代に一世を風靡したフォークシンガーの吉田拓郎は昭和二一年生まれ、井上陽水と谷村新司は昭和二三年生まれ、南こうせつは昭和二四年生まれの団塊の世代で、そろそろ後期高齢者です。私はいつも彼らの祈念コンサートをＤＶＤなどで楽しんでいます。戦後の歴史は今も続いています。

障子と襖は高度な文化的装置

「壁に耳あり、障子に目あり」ということわざがあります。日本家屋に住まう家族にはもともと隠し立てするものは何もありません。日本人は、協調性と和を大切にする家族の信頼のなかで暮らしていました。人を隔てる壁はなく、美しい障子と襖があるだけです。

ハードな隔壁によって守られることを必要としない、こころの通いが「和の住まい」にあったのです。襖・障子を活用し、開放的で、木や紙の質感を生かした日本の住宅の空間の美学には、非常に優れたものがあります。

障子や襖のある和室での生活は、それなりの礼儀作法ができていることが必要であり、独特な美しさがあり、日本人はそれをごく自然に習慣として守って生きてきました。プライバシー重視の固く閉ざされたドアをノックして入室する洋室とは、大きな違いがあります。

住まいというものは、単に利便性のためだけに存在するのではなく、それ自体一つの文化であり、ヨーロッパの重い建具や垂直の硬い壁が示すような権利と義務のぶつかりあいとちがって、襖や障子という軽い障壁がへだてとして機能する日本建築には、情緒性が強く現れています。そして、その情緒性は、むろん、日本文化の特色のひとつである自然性と深くからみあっているのです。

開口部をおおう建具は、生活のなかで一番人間に密着したものとして関心も深く、そこには装飾性や機能性も求め、もっともファッション的な派手やかな面を持っています。

それに応じるためのいろいろなパターンをつくり出し、建築をドラマチックに演出するのには、いつでも障子や襖がその役割を担っています。

障子と襖の空間は西洋的なプライバシーの思想からいえば、落ち着くことのできない空間のように思えるかもしれません。だが、この空間のなかでのプライベートな出来事は、たとえ見えても見ないことにし、聞いても聞こえないことにするという高度な人倫関係が働いていたのです。人はハードな隔壁によって自己を守るというよりも、相手を思いやり、リスペクトする振る舞いのなかにありました。障子や襖の空間がなくなるということは、そのような振る舞いを修練するための高度な文化的装置を失うことを意味します。

障子を閉め切った部屋の前を通る時、なかの人の気配をふと感じ、その気配を察して振る舞う、そこには、こころの優しい美学がありました。

襖を開け閉めする時は、その間合いやしぐさにおいて心配りが必要で、相手の都合の悪そうな時は声をかけるのを遠慮します。そこに日本人の奥ゆかしい所作も生まれました。

この伝達方法のうえでの、お互いに持ち合わせている鋭い直感力は、長い間の文化的な暮らしのなかで養われたものです。

障子と襖によって仕切られ、床の間を持った伝統的な日本建築の空間が各家庭から失われたのは、戦後高度経済成長の時代からです。

西洋的なプライバシーを重視し、障子と襖の空間は落ち着くことのできない空間として、それまで家の仕切りとしていた障子や襖は、硬い壁や重い扉に変えさせられました。

快適さを精神において追求するのが文化で、物質に頼って求めるのが文明だとすれば、住宅は文化的につくらなければならないと思います。

「文明は文化を破滅する」ともいわれます。何よりも日本人は世界のグローバル化や西欧化に捉われることなく、「日本的なもの」の考え方で、住み手が参加して自らの住宅をつくらなければならないと思います。

障子のうつくしさ

縦横の細い桟の線と和紙との構成で生まれる障子の表情は、日本家屋独特の美を演出するものとして日本の建築文化の象徴的な存在です。障子の光と影、外の光を柔らかく室内に導き室内に潤いをもたらします。障子に映る木々や花鳥の動きを影絵のように映し出します。庭の陽光は、この中間的な空間をくぐり抜けてようやく座敷にたどり着きます。

この障子を透かして忍び込む仄明るさは、座敷の畳にもいっそうの潤いをもたらしてくれます。この静かで清楚な空間に、季節の移ろいをもたらす障子のはたす役割は大きいのです。


障子は細い木の組子の竪と横の幾何学的模様によって構成されます。

障子のデザインは組子の割り付けにより表現されますが、そのデザインは自由であり多彩です。高さが六尺で幅が三尺程度の建具の場合、組子の割り付けは竪子が三本、横子を五本で組んだ障子を「荒組障子」といい、組子割の基本形です。シンプルな障子として最も多く用いられている障子です。

その他部屋の雰囲気や建具の大きさなどにより、竪子の間隔を狭めた「竪組障子」や横子の間隔を狭めた「横組障子」などがあります。竪組障子は洒落た感じになり、横組障子は大部屋の和室や洋室の空間によく使われます。

竪組障子をもっと紙の枡目を細長に竪子に組んだのを「竪繁障子」または「書院障

子」といい、書院などに使われます。組子を繁《しげ》くする「竪繁障子」の場合は組子の見付けを細めにします。

組子を均等に割り付けるのではなく、組子を部分的に寄せて組んだのを「吹寄せ障子」といい、組子の均一な間隔を崩して瀟洒な組子のデザインは数寄屋の空間によく使われます。

建具材は赤杉や赤松が好ましい。特に樹齢二〇〇年以上の赤杉柾は木目が肌理細かく美しいものに仕上がります。

国宝の茶室・待庵の障子の組子は竹です。細い線に真竹の二つ節の表情の陰影が美しいです。

障子紙は透光性の良い薄い紙がいいのですが、破れにくい粘り強さが必要です。そのため、檀紙や奉書紙、鳥の子などは適当ではなく、文書や包み紙などの雑用の紙に用いる美濃紙が適しているとされています。障子紙の張り方にも、障子紙一枚の幅ごとにできる継ぎ目を障子全体に市松模様になるように張る「継ぎ目張り（石垣張り）」にすることがあります。赤杉や竹の細い組子のグリッドのなかに紙の継ぎ目が見えるデザイン張りの障子で、その美しさは土壁でできている茶室空間によく調和します。

数寄屋ではよく下地窓[*1]や連子窓[*2]、色紙窓[*3]などをつくり、内側には掛け障子[*4]をする場合があります。敷鴨居《しきかもい》を付けて小障子の一本引きとし、その障子を透かして映る連子窓の竹格子の影を景色として楽しみます。この小粋で洒落たデザインで楽しむのも数寄屋の面白いところです。

このように、縦横の細い桟の線と和紙との構成で生まれる障子の表情は、日本家屋独特の仄暗さや陰影の美を演出するものとして日本の建築文化の象徴的な存在です。この静かで清楚な空間に、季節の移ろいをもたらす障子のはたす役割は大きいのです。


障子には、組子の組み方による種類とは別に、機能から生まれた形状による種類もあります。大きなところでは、障子の全面に紙を張った「水腰障子」と、下部に板を張った「腰付き障子」があります。

腰付き障子は、かって障子が外部建具として使われていた名残で、板張り部分は雨から守るために付けられていました。したがって、腰の高い「腰高障子」の方が発生は古く、今でも古い民家などに多く見ることができます。

腰の高さが低くなるのは、障子が内部の建具として使われるようになってからのことで、最近では「水腰障子」の方が一般的になっています。

伝統的な座敷などの空間の障子には、やはり「腰付き障子」にした方が落ち着きますが、障子本来の軽やかさが欲しい場合や日常的な空間には「水腰障子」を使うといいでしょう。

また、最近は障子紙の代わりにワーロン紙を使う場合があります。障子のデザインを活かして障子の代わりにワーロン紙を使うものです。水回りに多く用いる建具で両面組子にしてワーロン紙を挟み込むものです。光の透視は障子紙そのものです。

箱根湯本に「福住楼」というほぼ一〇〇年を超える数寄屋普請の木造三階建ての旅館があります。この建物には神代杉や北山杉の天然絞り丸太、小丸太の木材や自然の石や土の素材がふんだんに使われています。

天井には煤竹《すすだけ》、黒竹、真竹《まだけ》など種々の竹を用い凝ったデザインを施した格天井など、手間の掛けた数寄屋大工の匠の技を見ることができます。

廊下の木製のガラス戸は瀟洒であり、建具職の技も見応えがあります。川に面して大きく開いた「せせらぎの間」の窓は、障子と雨戸だけでガラス戸やサッシがないのがとてもいいです。

川端康成が長逗留したという早川の水音が静かな山側に面した「桐三」の部屋の障子が、箱根山と雲を模した障子のデザインで特に面白く、その障子の影に丸窓が切ってあり、下地窓でもない連子窓でもないその中間的な縦横の木格子の意匠が見えるなど、いろいろなところに数寄屋の妙趣が詰まっています。良質な天然の材を使い、自由奔放にハイレベルの職人芸を駆使した大正初期の職人の技がさえています。

いわゆる数寄屋の真髄を見ることができます。国の登録有形文化財に指定された貴重な建築文化財です。

襖のふくよかさ

座敷のしきりの一つに和紙でできた襖があります。室内で視線の高さに存在し、部屋全体の雰囲気をつくっています。また、仕上げの襖紙の意匠によって、部屋の雰囲気を大きく変える設えともなっています。大きな面積を占める襖ですが、唐紙の紋様は落ち着いていて決してうるさくなく、あくまでも室内全体の引き立て役になっています。

襖の縁の彩りや軽くふっくらとした和紙の柔らかな風合いは、他人の想いをしっとりと包み込み、座して瞑想にふけることができる落ち着いた空間をつくり出しています。

また、雲母《きら》摺りの京唐紙などの紋様が、外からの光によって煌めく風情はまた格別です。心地よい雰囲気をつくり出す襖は、障子とともに「和の住まい」にとって欠かせない存在といえましょう。

襖は組子格子の上に反古紙などを張っていく骨しばりという下張りにはじまり、それをべた張りで透けないようにするための打ちつけ張り、和紙を蓑をかけるように重ねて張っていく蓑張り。それを押さえたうえに袋張りという袋のような紙層を重ねます。

特に襖の吸湿性は、あえていえば、木と草であるともいえるその素材の自然性にあるといえるでしょう。

こうして幾重にも紙を張り重ねることによって襖は丈夫になり、ピンと張りつめたなかにもふっくらと柔らかに仕上がって、味わいのある「ふすま」になっていきます。

仕上げに張る上張りの紙は、本鳥の子、鳥の子、新鳥の子などがあります。伝統的な越前手漉き和紙の「本鳥の子」は、時間が経つほどに独特の風合いが出てくるといわれていますが、生産量も少なく現在はなかなか手に入りにくくなっています。

また、襖の仕上げに張る紙として特筆すべきものに「京唐紙」と「江戸唐紙」があります。京唐紙は紋様を彫った版木に雲母または顔料を塗り、地紙を載せて掌でこすって摺り上げたものです。

地紙には越前奉書紙や鳥の子紙などの高級な加工紙を用いるので量感があり、ふっくらとした感じに仕上がります。京唐紙の版木の紋様は多種多様で洗練されており、公家好み、茶方好み、武家好み、町屋好みなどがあり、描かれた紋様によって雰囲気は変わります。

また、爽やかな晴れた日の襖の装いはいかにも凛としていて、特にその上張りの白無地の鳥の子紙のたたずまいは清楚で気品があり、とても美しいものです。

夏の高温多湿や冬の乾燥する日本の風土にあって、ふすま障子は自然の移り変わりや季節の波動に呼応し、すぐれた換気、湿気の調整装置の機能も持っています。梅雨の頃には、湿気と熱気による蒸し暑さのなかで、幾層もの和紙がたっぷりと水を吸い込み、梅雨明けにはその冷気を徐々に室内にもたらしてくれます。

そして、梅雨明け間近のあの湿気と熱気による蒸し暑さのなかで、たっぷり湿気を吸った波打つ和紙の水気と陰影は室内に一時の冷気をもたらします。

襖は軽い間仕切りです。部屋を使用していない時は、季節によって襖を開けたり閉めたりして二つの部屋の雰囲気を同時に楽しむことができます。また、襖を取り外して二つの部屋を一つにして使うこともあります。襖はお客様や会合の集まり、あるいは折々の季節の行事などの室礼にもいろいろと対応する、日本の優れた生活文化の知恵の所作です。

二つの部屋は、それぞれの独立した機能を持ちながら、同時に二部屋を一つの部屋として使用してもバランスよく部屋と部屋とが通いあって、より豊かな空間に変化します。

開ければ大広間、閉めれば小部屋となる日本家屋の襖の仕立ては、住空間を自由に演出する効果的な装置です。

西洋風に壁の仕切りが襖でなく厚い壁や鍵のかかるドアだったら、二つの部屋は硬い壁に囲まれた独立した部屋で、隣の微妙なようすなどわかりはしない、現代の一般的な住まいの形となります。そこにはプライバシーが保たれ、誰でも安心して眠れます。

しかし、隣の部屋に年老いた人や病人が休んでいたらどうでしょう。襖仕立ての部屋では襖の向こうは見ることはできないが、音が聞こえるから足音で人の違いはわかり、人の動きはわかります。畳ずれの音をきくとそこで何が行われているかもおおよそ見当がつきます。鍵がないので、いつなんどき誰かが自分の部屋に入ってくるかわからないけれども、いつも見守ってくれている、気遣っていてくれているという安心感があって、安心して眠れます。

どちらがいいかは、それぞれの生活習慣の違いや文化の違いで判断されるでしょう。襖・障子で仕切られている部屋は、隣の部屋にいる人の気配が襖越しに感じられますし、鍵がかかっていないので指一本で軽く開け閉めすることができます。襖を開け閉めする時は、その間合いやしぐさにおいて心配りが必要で、相手の都合の悪そうな時は声をかけるのを遠慮します。そこに日本人の奥ゆかしい所作も生まれました。

このことから、作法のあり方について、独特な美学がもたらされてきたのでしょう。プライバシー重視の固く閉ざされたドアをノックして入室する洋室の建具とは、大きな違いがあります。襖のある和室での生活は、それなりの礼儀作法ができていることが必要であり、かっての日本人はそれをごく自然に習慣として守って生きてきた歴史があります。

日本の伝統的な家屋は、南面の壁は大きく開いていて深い軒があって、濡れ縁があり、廊下があり、障子があって座敷がある。庭の陽光は、この中間的な空間をくぐり抜けてようやく座敷にたどり着く。この障子を透かして忍び込む仄明るさは座敷の畳にもいっそうの潤いをもたらせてくれます。

自然の季節、移り変わりの流れに寄り添うように生きてきた日本人は、庭と座敷をつなぐ外でもない内でもないこの中間的であいまいな空間を最も大切にしてきました。日本座敷は土壁と障子と襖に囲まれ、そこに床の間が存在しています。

桃山・江戸時代の武士階級の書院造りの住宅は、「荘厳」といわれる絢爛豪華な金地極彩色の障壁画の襖で彩られています。将軍を頂点とした時の支配者たちにとって、接客・対面の儀式の場で他を圧倒するような権力の象徴を示すことが重要で、その演出の道具が障壁画といわれる襖絵が描かれたのでした。

襖と床の間の張り付け壁で、部屋全体を金地極彩色のいわゆる金碧画で張り巡らしました。織田信長の安土城の殿中は悉く光り輝いていたといわれます。

和紙といえば、なんといっても障子と襖です。

和紙が、二〇一三年の「和食・日本人の伝統的な食文化」に続いて二〇一四年にユネスコ無形文化遺産に登録（登録名「和紙・日本の手漉和紙《てすき》技術」）されました。

無形文化遺産に登録が決まったのは、和紙のなかでも、島根県浜田市の「石州半紙」と岐阜県美濃市の「本美濃紙」、埼玉県小川町東秩父村の「細川紙」です。三つの和紙はいずれも「楮《こうぞ》」だけを原料に伝統的な手漉きでつくられています。楮は、クワ科の落葉樹で、皮の繊維は、麻に次いで長く繊維が絡み合う性質が強く、粘りが強く揉んでも丈夫な和紙の主要原料として古くから用いられてきました。

和紙がユネスコ無形文化遺産に登録されたということは喜ばしいことではなく、とても悲しいことなのです。なぜなら文化遺産に登録されるということは、歴史的に貴重な財産が絶滅危機にあることを実証され、それを守ることを義務づけられたことを示しているからです。今日において、住まいに障子や襖が、畳と同じようにほとんど使用されなくなっている現象は、日本人としてとても恥ずべきことではないでしょうか。

谷崎潤一郎は『陰翳礼讃』で和紙について次のように述べています。

「唐紙や和紙の肌理を見ると、そこに一種の暖かみを感じ、心が落ち着くようになる。同じ白いのでも、西洋紙の白さと奉書や白唐紙の白さとは違う。西洋紙の肌は光線を撥ね返すような趣があるが、奉書や唐紙の肌は、柔らかい初雪の面のように、ふっくらと光線のなかへ吸い取る。そうして手ざわりがしなやかであり、折っても畳んでも音を立てない。それは木の葉に触れているのと同じように物静かで、しっとりしている」

『陰翳礼讃』は昭和八年の作ですが、明治維新を契機に生活様式が急速に西洋化していくことに、それを容認しながらも、もっと大切な伝来の日本文化の美しさや豊かさについて、鋭い感性や感覚で描き出し、日本建築の陰翳を見つめながら、その価値を強調しています。日本文化や建築を研究する世界の多くの人に読まれた、一種の住居論とも文明論ともいえる非常にユニークなテキストです。

＊1　**下地窓（したじまど）**

土壁が落ちてしまったかのように、壁下地の小舞（葭など）をそのままに見せる素朴な窓。数寄屋の雰囲気によく調和する。別名、「塗り残し窓」とも呼ばれる。

＊2　**連子窓（れんじまど）**

細い角材を縦または横方向のみにすきまを空けて並べて組子とした窓。

＊3　**色紙窓（しきしまど）**

茶室などに用いられる二段一組の窓。上下に中心をずらし大小の窓を配したもので、両方とも下地窓、または上を連子窓、下を下地窓とする場合が多い。色紙散らしに似ているところからこの名がある。

＊4　**掛け障子（かけしょうじ）**

数寄屋建築の下地窓の室内で、釘に掛けておく小障子。

第7章

数寄屋のこころ

数寄屋の魅力

日本の住宅建築において、誰しもが憧れる魅力的な住まいは、やっぱり数寄屋でしょう。

長い住宅建築の歴史のなかで日本の精神性と風土性を失わずに、「日本的なもの」「日本らしさ」の住まいとして、ひそかに生き続けている建築に「数寄屋」があります。

数寄屋とは、一棟に茶の湯を行うための茶席や水屋などが備わっている茶室のことですが、広い意味では、茶室建築の手法で建てられる建物を総称して数寄屋といっています。

では、茶室建築の手法を採り入れた建物とはどういう建物でしょうか。おそらく建築の専門家でも、数寄屋についてのイメージはさまざまであると思います。

これには、はっきりした定義や様式があるわけではなく、いわば住み手やつくり手の数寄屋に対する思いがあり、数寄屋に対するこころを持ち、自然を愛でる日本人の美的感性の豊かな人によってつくられる軽快で、瀟洒な建物が数寄屋と呼ばれています。

そして数寄屋は、書院造りのような権威や格式で威圧するようなものでなく、自然のなかに溶け込んで庭とも調和し、侘びた趣のある美しい建物なのです。

伝統的な日本家屋の建築様式は、寝殿造り、書院造り、数寄屋造りと続きました。寝殿造りは平安時代に完成された天皇、貴族の住宅形式であり、書院造りは桃山時代に完成した武家、寺家、貴族など当時の支配階級の客殿形式の一つで、後に一般的な住宅形式となりました。その他にも民家や町屋といった伝統構法の住宅形式がありますが、民家や町屋は一つの様式というよりも、その地域の風土文化に密接につながっていて、その時代に適応したものであり、現在は再生・保存が行われていますが、新しく建築されるものではなくなってきています。

そのなかで数寄屋だけは、数寄屋造り、数寄屋普請、数寄屋建築など呼び方は変わっているものの、時代や特定の様式にとらわれない柔軟な建築手法で生き延びてきました。数寄屋は、茶室とともに最も伝統的な日本固有の建築として、工業化が進む現代建築とは基本的に異なる職人技術による構法によって成立する、一つの建築のジャンルといってよいでしょう。

数寄屋造りは、日本の風土と日本人のこころにあって、伝統的な日本家屋よりもさらに洗練し、日本の建築様式の定義に留まることなく、時代の変化に応じて変貌を遂げながら、品格と魅力を持った最も日本的な建築として住宅、別荘、旅館、料亭などに粋な「数寄屋」として、日本の建築のなかでも特に際だった形として存在し続けています。

数寄屋は、日本の四季折々の移り変わりを日常の生活のなかに受け入れ、豊かな季節の鼓動を感受させ、非日常の世界へと導いてくれます。

数寄屋のもつ美しさや品性は、茶の湯の侘びのこころや日本人の美意識のなかから生まれ、日本の自然の神秘性を感得できる心豊かな人たちによって独自に育てられてきました。こうした数寄屋には、誰もが一度は住んでみたいと思うような魅力がたくさんあります。

日本人は美しい自然のなかで暮らし、自然を友とし、そのなかから豊かな感性を育み美意識が涵養されて、雪月花に象徴される四季の移ろいの折々の美を表現する数寄屋を生み出したのです。日本の自然が生み出した日本の数寄屋という家のつくりは、実に純粋で美しく柔軟で優しさに満ちています。

日本人は自然の神秘性を纏った美しい数寄屋という建物のなかで、自然の空気を纏い、四季折々の眺めが与えてくれる美的よろこびに浸っていると、私たちは「美しい」「侘びしい」と感じ、安らぎや落ち着きを覚えます。

数寄屋の原点

数寄屋の原点は、秀吉に仕えてから死を賜る一〇年間に精神性を求める独自の茶の湯を改革し今日ある茶道の礎を築いた、利休の草庵茶室にあります。

利休のめざした「侘び」を主眼とする数寄屋は、桃山時代において二条城や安土城などに見られる当時の工匠たちによってつくられた絢爛豪華で権威の象徴を美とする書院造りの建築様式とはまったく反対のもので、当時の建築的理念をはるかに超えたものでした。

公家や武家社会による定型で格式を重んずる豪華な書院造りの住宅様式のなかで、町衆から出た茶人による茶の湯の最高の侘びの美を生み出すことのできる草庵茶室の新しい芸術、新しい建築様式の出現は、高い文化的教養を持つ公家衆にとっても新鮮で、大きな魅力であったでしょう。特に、当時の文化的教養を持たない武家人にとって、格式的なものを必要としない新しい芸術や教養は、文化人になるために必要不可欠なものでもありました。

それまでの建築には宗教的威厳や社会的地位を誇示することが大事とした、格式を重んじた意匠が最も美しいという発想であり、宗教や社会の拘束から離れて純粋な美を追究しようとする発想はありませんでした。そのなかにあって、数寄屋がなんの束縛もなく自由なる創造を注ぎうる一つの造形として表現されたのです。

このような数寄屋は、茶の湯の改革に伴って行われた侘びの美意識のもとに、貴族住宅の書院造りとは異なる独自の発想でつくられた洗練した造形で、野趣に富んだ自然素材を使用し、非常に深い美的感性と職人の巧みな技術によって生み出されていきました。

利休をはじめとする茶人たちは、「茶の湯」の新しい手法や形、それにふさわしい美的な空間を求めて草庵茶室を創意しました。その数寄屋の精神のなかに数寄屋造りの起こりがあるといえるのではないでしょうか。


数寄屋は書院造りが重要視した、身分や格式の社会的地位の象徴性と宗教性を拒否する造形が一つの目的でもありました。虚飾を嫌い、内面を磨いて客をもてなすという茶人たちの精神性を反映し、質素ながらも洗練された意匠でつくられました。

このように数寄屋造りは、封建社会において階級をこえて広がっていきました。武士たちは別荘や隠居所の数寄屋造りに住むことにより非人間的な束縛から解放され、町人たちは数寄屋造りを通して自らの造形的な夢を開拓し、同時に抑圧感を発散させていったのです。

書院造りの和風住宅は格式を重んじ、お客様本位の住宅であり、家父長を背にして坐す床の間は封建性の象徴であったので、和風住宅の封建性を捨て去るためには、その代表である床の間を追放しなければならない、と強く叫ばれた時代もありました。

しかし、数寄屋造りの床の間は、亭主と客がともに楽しむ空間であり、その床の間は自由な形式でつくられるようになりました。旅館や料亭などでは部屋によって床の間の形がいろいろ異なってつくられていて、そのことが客に喜ばれました。

自然のなかに溶け込む美しさ

四季折々の美を表現する数寄屋は、日本人の自然を愛し、自然を友とし、自然の神秘性に抱かれた日常の生活のなかから豊かな感性が育み、美意識が涵養されて、日本の伝統的な数寄屋という美しい建物をつくり上げてきました。

数寄屋は野趣に富んだ自然素材を使用し、非常に深い美的感性と職人の巧みな技術によって表現された建築なのです。それは、特殊な材料の選定からその素材を生かす建築主や建築家の感性と、その素材の持っている美しさや面白さの特性を熟知していて、それらの素材の肌触りの魅力を生かす職人たちの優れた技術を持った熟練の大工、左官、建具、経師、畳職人たちの巧みな技によって表現された建築が数寄屋であるのです。

数寄屋造りを構成する自然素材には、そのものの形の美しさ、その素材の内に織りなす造形の色彩や模様、そして時とともに古色を帯び風化していく幽玄な美しさがあります。これらの美しさを引き出すところに匠の技と繊細な感性が必要であり、これを離れて美しい建築をつくることはできないのです。

数寄屋造りは木と紙と土と草でつくられます。それらの素材のもつ固有な美しさが強調されます。しかし厳密な意味では素材は自然のままのものではなく、そこには素材の選択と緻密な加工が行われているのです。選択には眼識が必要であり、加工には巧妙な技術が必要なのです。それがなくしてあの自然のままの美しさは生まれてこないのです。

数寄屋の意匠には、たとえば面皮つきの柱、上塗りしない土壁、壁土を塗り残して竹木舞のままを窓とした下地窓、屋根裏をそのまま用いた駆け込み天井など、物をつくる職人の創意工夫と美的センスが仕込まれ、建築の造形に数々の美的表現が込められています。

室内の色はすべて自然色で覆われます。木、紙、土、草と、どの材料にも、どの細部にも人工の技が加えられているけれど、それは自然をいっそう自然らしく見せるために行われるものです。例えば、北山杉の樹皮を剝《は》がして、その樹肌を白砂または棕櫚皮に小砂を包んだもので磨いたり、その上を更に荒縄で磨き上げたりしますが、それはすべて自然の美しい色つやを出すために行うものです。

天井や壁面や床柱に使われる竹もまた同様です。後になって虫がつきにくいように材質のなかの糖分の少ない時にとり、油抜きして磨きあげ淡黄色になるまで乾燥させたもの（白竹）が使われます。

数寄屋造りでは素木の色やテクスチャーを大事にしますが、それは文字通りの素木のままでは決してありません。念入りに費用と手間をかけて粗相に見せながら、素材の美しさを引き出してつくり上げているのです。自然の素地のままの美しさとは、このようにつくられた理想化された自然の美しさの表現でもあるのです。

数寄屋大工の中村外二さんは次のようにいいます。

「書院造りの建築は、昔からの伝統どおりに柱の太さによって、間口はいくら、長押はいくらというように、寸法がだいたい決まっていますわ。数寄屋建築というのはそうでないからねぇ。天然の素材をそのまま使う。太いのや細いのや、曲がりくねったのをそのままの形で、いろいろ使うんです。加工されていない木をどう使うかということや。同じ木を寄せてきてもね、扱う大工によって、これまた全然違ったものになったりする。その大工の格とか感覚によって、品がようなったり、悪なったり、うんと違ってきますわ」

「それに、木というのは一本一本に表情がありますで。個性をもってますからな。それを殺さずに、どう建築のなかに生かしてやるかや。それがわしの仕事ですわ。数寄屋建築に限らず日本の木造建築というやつは、新築して五年から十年たって、初めて落ち着いてきて、ようなる。木の味わいがにじみ出てくるんですよ。だから手をかけてやればやるほど、美しさが増してきて住みよくなりますね」（笠井一子著『京の大工棟梁

と七人の職人衆』より）

形式にとらわれない自由なデザイン

数寄屋は草庵茶室や民家の日本的なるものの精神性と風土性を基本に、自然素材と匠の技と日本人の繊細な感性により、機械や工業技術に頼らないヒューマンスケールでつくられます。この人間の手でつくるかたちは日本の伝統建築として独特な雰囲気を醸し出します。

形式にとらわれない、自由なデザインの建築が数寄屋であるという基本的な思想でつくられる数寄屋造りというのは、好きにつくるということでもあります。

それは、都会の雑踏のなかに田舎風の情趣、いいかえると「市中の山居」を現出させるところに狙いがあり、そこに数寄屋の秘密があり、ほんとうの日本建築の美しさを見ることができるのです。

小奇麗さ、軽快性、粋、誰にも気がつかないような細かいところに気を配って仕上げる数寄屋造りの部屋には、どれひとつとっても同じようにデザインされていないし、同じ部屋でも訪れる時がちがえば雰囲気はまたちがう。ひとつとして同じ空間のものがないのです。

このようにひとつの部屋のデザインや雰囲気が変わっているということは、旅館や料亭などにとって大切なデザインの要素で、同じ客に何度も来てもらっても、どの部屋についてもなかなかに飽きさせることはないのです。

それゆえに人々は数寄屋造りの家を何度訪れても、常に新しく訪ねてきたかのような気分になります。そうかといって人々はまったく異質な空間に導かれるわけでもなければ、体験するわけでもない。なるほど仔細に見ればちがった風にデザインはされているけれども、畳、土壁、障子、襖、床の間の道具立てなどは共通ですから、その造形は驚きそのものです。

でも、そこには繊細さや優美さはあるけど、強烈な色もなく、刺激的なものは何もないのです。豪華さとか、強さとか、鋭さとかを欲する人には物足りないでしょう。

しかし数寄屋造りはあくまでも主役は人間であり、建物は人間をひきたたせるための舞台であるがゆえに、控えめである方がいいと考えられたのです。このように、建築の造形に数々の静かな驚きの美的表現が込められているのが数寄屋なのです。

数寄屋は自由にのびのびとした空間でつくられるので、木造の筋違や壁構造の制約されることが多い現在の建築基準法のもとでは、非常につくりづらいものがあります。したがって、構造体は鉄骨や鉄筋コンクリートでつくり、内装に数寄屋素材を使って木造建築らしくつくることがあります。数寄屋の不思議さは木造建築ばかりでなく、どのビルのなかにも数寄屋のイメージが自由につくられることにあります。

数寄屋のいのち

数寄屋は茶室建築の手法で建てられた建物であるがゆえに、数寄屋がほんとうに生かされて使われるためには、どうしても数寄屋にふさわしい作法が求められます。それは和敬清寂や一期一会の精神にもとづいた茶の湯の作法です。床の間に絵画や花を飾るには飾り方の作法があるように、数寄屋はその和の作法を前提として設計されています。

書院造りや民家の床の間は、最も身分の高い人がそれを背にしてその前に座り、床の間に飾られた絵や花は光背としてその人の身分を飾るものでした。しかし数寄屋ではどの人も床の間が見える位置に座り、そしてそこに飾られている墨蹟や絵画や花を見て楽しみます。

四季折々の兆しを呼ぶのが床の間であり、掛軸や生け花は季節や行事や訪問客ごとに変わります。また掛軸は季節の花鳥風月のものや和歌や高僧の禅語のものであったりします。

亭主はその掛軸のよしあしを見分ける能力を持っていなければならないし、もしその掛軸に和歌や禅語が書いてあれば、それを主題にして、さまざまな話を交わせるほど古典や文学に深い知識がなければならないのです。同じようなことは数寄屋で使われる花入れや置物やもろもろの道具にもいえることなのです。

8畳広間の茶室で茶を点てる

もし教養もなく茶の湯も知らないで数寄屋に住んだら、数寄屋はたちまちにして品性を失い、無残な姿になってしまうでしょう。それゆえに数寄屋は、伝統的な日本の文化や芸術、芸能を愛する人の住む建物なのです。

数寄屋は自然素材でつくられます。自然素材は木や竹であり、土壁であり、紙（障子・襖）や草（畳など）で、それぞれが生きている材料です。それらの素材により、室内全体が呼吸しています。それに必要な自然の風や日差しが室内に入り込んで季節ごとに自然と一体な環境が必要になります。

しかし、そこに住む人が窓や障子を開け閉めして外気を入れたり日差しを調整したりすることなしに放っておいたら、数寄屋はたちまち逼塞して艶もなくかさかさとしたものになり、荒《すさ》んだ姿になってしまいます。数寄屋の材料は自然のものですから、たちまちにして自然に帰ろうとします。

数寄屋をいつも美しく保つには常の掃除やメンテナンスが大事です。障子の組子やガラス戸の桟にいつも埃がたまって黒ずんでいたら幻滅です。特に注意するのは畳です。なんとかかと畳は新しい方がいいといわれますが、藺草の香りと青畳の新鮮さは何事にも代えがたいものがあります。畳は四、五年で表替えをするのがいいでしょう。数寄屋は、住むにふさわしい人に使われて初めてその美しさを保つことができるのです。

そもそも日本の「和の住まい」はいつも何もない虚の空間です。何もないその空間はそこに住む人によって、その時々の床の軸や花により、また、家具や道具によって飾り付けられて、その人の立ち居振る舞いがなされる場所なのです。

「数寄屋」は「好き屋」ともいわれ、自然の素材を愛好し、それを注文し住む人の好みでつくられます。自然の素材は多種多様であり、それを熟知している建築家の協力なくしては数寄屋の造型は生まれてきません。また、自然が創ったそれらの素材のこころを読み、その個性を生かすように加工するためには、熟練した職人の技術が必要になります。

数寄屋はこのように個性的で、数寄屋に造詣の深い三者の均衡のうえに成立しているのです。また、数寄屋をつくるということは、三人の人間がそれぞれ優れた感性を持っていて、美的表現を演ぜられるドラマの制作のようなものでもあるのです。したがって、建築構法としては前近代的な手工業的であるといわざるをえないのです。

少し例をあげれば、木材はヒノキでありスギであり、同じスギでも産地によって形・色・木目・テクスチャーはさまざまです。また、丸太材や銘木になると皮付き、面皮付き、あるいは節のつき方、曲がり方など種類が多くそれぞれ固有の姿かたちがあります。北山杉の丸太でも絞り丸太など人工のものもあれば天然のものもあり、それも独特なものです。

施主は変化のある面白い木を選びます、建築家はその素材をどこに使い、どのように生かすか全体のバランスを考えます。大工はその木の表情を見て、その節をどちらに向けた方がその木が生きるか、表に出る部分と壁にかくれる部分を考えて納めます。ひとつの舞台で、どういう俳優を選ぶか、その俳優にどのような演技をしてもらうか、またその俳優の美しさをどのように引き立てるか、それは数寄屋という脚本があってその面白さです。

塗り壁になるともっと難しくなります。土は全国どこにでもあるといいますが、数寄屋が求める土はそうはいきません。土物として最も著名なものは大阪土と聚楽土です。大阪土は赤褐色の土で、大阪・四天王寺近辺に産出するものが本場ものです。聚楽土は秀吉が営んだ京都の聚楽第跡地付近で採れる土です。いずれも今ではほとんど採取できません。塗り壁は材料ごしらえから始まります。材料の素材は、土、石灰、苆、水、砂、糊などですが、それらを混合する分量の割合は左官職人の経験と感性によって決められます。季節やその時の気候によっても調合が変わります。既調合で販売されているものもありますが、マニュアル通りにはいきません。また、塗り壁の表情は、磨き、引き摺り、撫で摺り、押さえなど職人の鏝さばきによって多種多様に変わります。

松が丘・松隠亭で用いた塗り壁は、京錆土、稲荷山土、浅黄土、白土、沖縄の赤土です。

この数寄屋住宅の大津磨きを担当した小沼左官は次のように述べています。

「漆喰磨きも大津磨きも一度廃れた技術です。いま、塗り壁が注目されるようになったのは、それらの技術を復活させようとする野武士的な熱血職人たちが出てきたからでしょう。それぞれの職人がそれぞれの分野で新しい技法を研究しています。私は大津磨きの技法を極めたいと思っていますが、奥にはまだ奥があります。今まで何度も塗っていますが、土のいい色を出しながら無地に光らせる技術は、いつも難しいと感じています」

材料づくりですか、鏝さばきですか、技術的にどういう難しさがありますか。

「まず下地づくりですね。下地の灰土に鏝がしっかり当たらないと、色ムラになります。つまり水持ちが良くて弾力がある下地ごしらえが大事です。少し藁を多く入れるのもその一つです。藁で弾力を持たせて含んだ水がゆっくり引いていき、それに合わせて鏝で押さえながら、土の粒子の高いところを潰して低いところに持っていく微妙なところが難しい」

「大津磨きは灰土、引土で塗りますが、その過程で色ムラが出たり、ひび割れしては何にもならない。水の動きを利用して、土の粒子を鏝で強く押し固めながら滑らかで硬い光り輝く表面に仕上げていくのです」

「この住宅でいろいろな壁土で磨きをやりましたが、白土の磨きが一番難しかった。滋賀県で取れる『紅州白』という土を使うといいのですが、今はその土は手に入りません。手持ちの新潟・村上の白土を使いました。この土も今では採取されていませんが
ん」

「白土の壁はあまりお呼びがかからないのです。白土は漆喰に似ているでしょう。ですから、漆喰と大津磨きの違いは素人にはわかりません。しかし、漆喰と大津磨きには歴然とした差があるのです。その差をわかってもらいたくて、白の大津磨きには特に力が入るのです」

「採算的に考えて大津磨きはやる人も少なく、将来的には消えていく技術かもしれません。でも、その良さを知る者として、何とか技術を極め世の中に残しておきたい。そうすれば、大津磨きの良さを分かってもらえる時が必ず来るだろうと思います。そ

壁、天井、木小舞下地

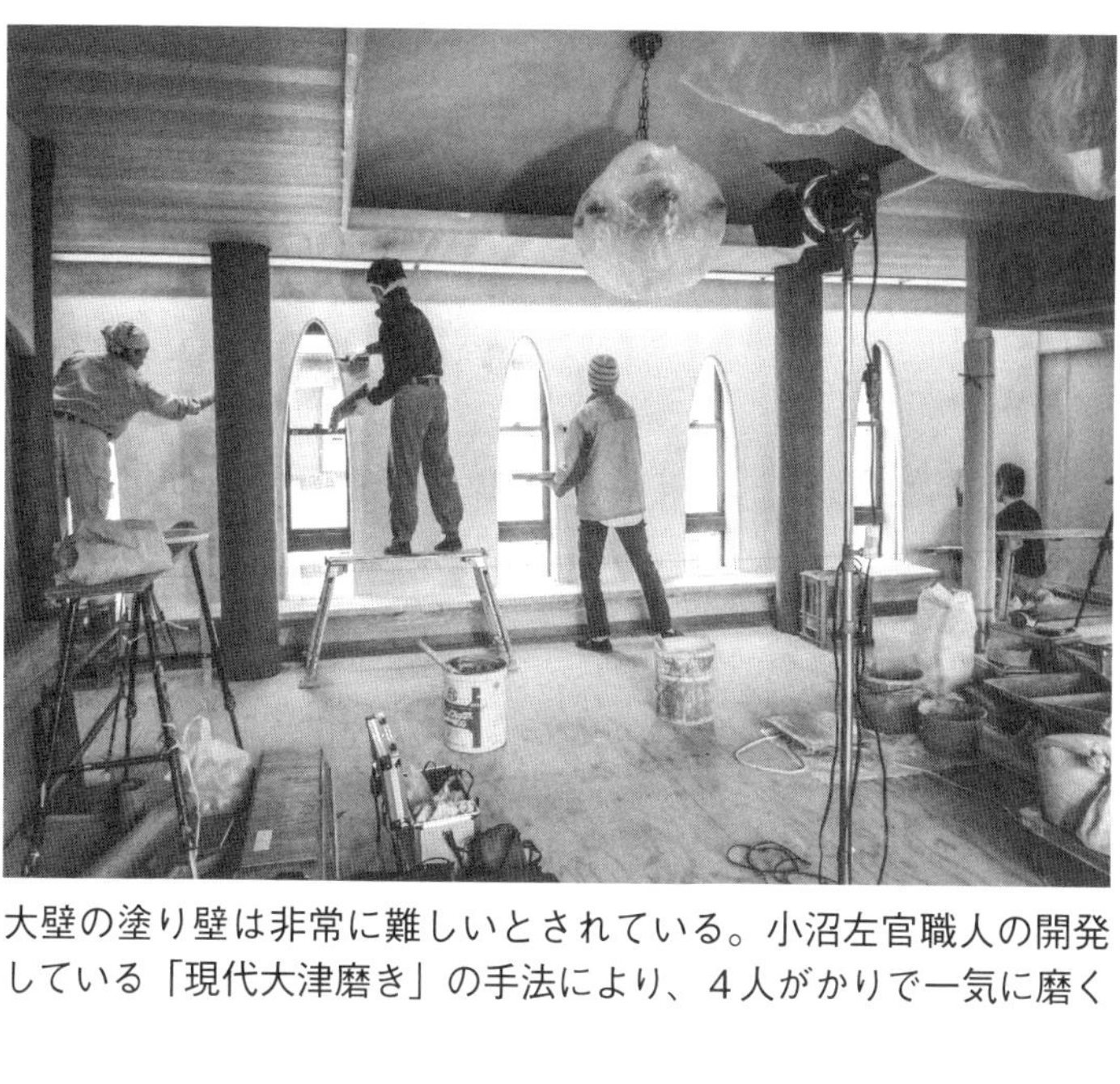

大壁の塗り壁は非常に難しいとされている。小沼左官職人の開発している「現代大津磨き」の手法により、４人がかりで一気に磨く

の時は、その技術の世界で、第一人者でいたいのです。磨きは世界一の小沼だと」

（『数寄屋住宅礼讃』より）

数寄屋の装置で最も華やかなのは舞良戸や障子や襖などの建具です。松隠亭では舞良戸、框戸、ガラス戸は約四〇箇所で七〇本。明り障子は約三〇箇所で一〇〇本ほど、それぞれオリジナルなデザインをしました。建具の材料は樹齢二〇〇年の金山杉を特注しました。

建具は山形の伊藤さん、表具は茨木の石山さんに製作してもらいました。

障子の一部に曲面の組子のデザインをしたのですが、伊藤さんにどのように製作したのか伺いました。

「原寸で型板をつくり、曲げ加工で何度も試作をしながらつくりました。見付け面は五ミリでも曲げるのは難しかったので、三枚に割いて薄くして曲げてから張り合わせました。杉板を刳り抜いてつくる方法もあったのですが、組子の見付け面は柾目なので、細い組子の柾目は曲面に沿って通らないし、また、はじけて割れてしまうこともあって、その方法はやめました」

また、障子の組子に真竹の皮付きで、見付けの面を極力細くつくように依頼しました。

「これには苦労しました。まず、組子の材料である十分に乾燥した真竹がないのです。薬品処理していないものをあちこち探して、ようやく秋田の銘木店で見つけました。その真竹を見込み十五ミリに割き、ほぼ六ミリの肉厚の竹を二ミリに薄く削って皮付きの組子としました。細く加工した竹の竪組子と横組子の継ぎ目が細かい仕事でたいへんでした。何度も試作を繰り返して製作したので、時間もずいぶんかかってしまいました」。

松隠亭の襖は本襖です。本襖の襖仕立てや襖の下張りについて石山さんに問いました。

「下張りにはまず数種類の和紙を使って、骨縛り、胴張り、蓑掛け、蓑縛り、下浮け、上浮けと何層もの和紙を重ねて張ります。骨縛りは下地骨をしっかり固め、骨縛りの補強と胴張りは光を遮断する効果のある黒や紺に染めた染料紙、蓑掛けは下骨の狂いを緩衝するためや空気の層をつくるために二、三枚の層にして縁周りだけを糊付けして浮かせて張ります。蓑縛りは、蓑掛けを固めるために糊をベタ張りにして張ります。また、下浮け、上浮けの層は、和紙を小判にして周りだけ糊を付け湿りを入れながら浮かせて張ります。これは襖にふっくらした膨らみを持たせるためです。特に、上浮けには石州紙などの一〇〇%楮の和紙を使います。そして襖の表張りの鳥の子には雁皮を原料とする場合もあります。伝統的な和紙の原料である雁皮・三椏・楮は弱アルカリ性から中性なので、酸化による黄ばみや焼けを防ぐ効果があるからです。このように下張りはすべてべったりと糊付けせずに、各層の間に糊付けしない空気層を設けることによって、防音性や吸湿性の高いふっくらとした柔らかい襖の下地にしています」

いかに数寄屋の素晴らしさをとなえる建築家がいても、日本の伝統技術を復活させようとする野武士的な熱血職人たちがいても、「好き屋」をつくろうとするクライアントがいなければ、「数寄屋」は今日においてはもはや滅びてゆくしかないでしょう。どんな資産家がいても数寄屋の魅力を感じなければ、数寄屋は無用のあだ花になってしまうでしょう。

その歴史的使命も社会的機能ももはや終わりを告げたとすれば、歴史の舞台から立ち去ろうとするものを引き留めることは、たとい感傷にせよ無駄なことのようにも思えます。

確かに、現代の住宅に比べて数寄屋はあまりにも高価であるといわれても仕方がないです。

ひとつの部屋を見まわしてみましょう。部屋は六面体でできています。壁の四面に床と天井です。現代の住宅は、壁の四面と天井は石膏ボード下地のビニールクロスで、床は張りもののフローリングでつくられます。

数寄屋の壁は土壁や漆喰であり、障子であり襖です。天井は木や竹でいろいろなデザインが施されています。床は畳か無垢の床材でつくられています。また、数寄屋には面皮柱や皮付き丸太柱などが魅力的に配置されています。

このように、とにかく数寄屋は、建築材料、職人の手間代はもちろんのこと維持費の点も非常に高くつきます。

もはや現代の数寄屋は、高級な料亭とかホテルの和室などにしか許されないものになってしまっているのかもしれません。

第8章

茶の湯の起こりと戦国武将

足利義政と同仁斎

茶の湯の起こりは、東山時代に始まるといってもよいでしょう。東山時代や東山文化という言葉は、応仁の乱（一四六七～七七）後に京都東山の山荘に隠棲して風雅三昧の生活を送り、「東山殿」と呼ばれた足利八代将軍義政にちなんでつけられた呼称です。

義政（一四三六～一四九〇）は一四七三年に義尚に将軍を譲り、社会問題や政治上のことは眼中になく、亡くなるまで山荘や庭づくりに情熱を傾けていましたので、一種の風狂人といわれていました。応仁の乱の始まる前から山荘にふさわしい土地を物色していたといわれています。山荘の常御所ができて、義政がここに移ったのは一四八三年です。

義政が隠居屋敷とした東求堂は義政の持仏堂で、持仏堂に附属した書斎が「同仁斎」です。同仁斎は書院造様式でありながら数寄屋志向の強い美しい空間です。炉が切られていましたので、そのため同仁斎が最初の四畳半茶室の始まりとも、草庵茶室の源流ともいわれる極めて貴重な建築です。

東求堂の隣室の同仁斎では、ごく少数の歌人や阿弥たちと茶の湯なども愉しんでいたのではなかろうかと想像されます。東山殿は同朋衆の一人であった珠光が点てた茶を飲んでいたのではないでしょうか。

東山時代の茶の湯は、義政とその側近らによる風雅な書院台子の茶で、それは書院の座敷で行われたもので、床の間の飾り物や茶道具などは舶来の珍品・名品だけの唐物本位の貴族的な茶であったでしょう。台子《だいす》というのは棚飾りの一種で、なかでも極真の飾りといって、道具すべてに唐物を用いるものを真台子と呼んでいます。

書院とは、床を上座に構え、これに違い棚と付書院とをともなった格式の高い広間の座敷構えをいいます。単なる嗜好の喫茶や闘茶のような遊芸性を排し、心静かに茶を風味し、芸術品を観賞し、風雅の世界に遊ぶ優雅な茶で、書院台子の茶を完成したのは義政であるとも伝えられています。


珠光は、このような書院の茶が主流のなかにあって、これまでの茶に精神的な深さと高さとを与え、茶の湯を伝統的な歌や能楽などの美と同等の高さまで引き上げ、侘びを理念とする茶の湯、いわゆる「侘び茶」への道を拓いていったのです。

珠光は奈良出身の称名寺の僧侶で、一休宗純に参じて体得した禅の精神をもってこれを深め、新しい喫茶の方式を創始し独自の茶境を開き、茶の湯の成立を推進したもので、茶の湯の開山、創始者と伝えられています。

珠光と紹鷗の茶の湯

茶の湯というと、村田珠光《むらたじゅこう》（一四二三～一五〇二）に始まり、武野紹鷗《たけのしょうおう》（一五〇二～一五五五）が唐物の茶道具を中心とした茶の湯の体系をつくり、続いて千利休（一五二二～一五九一）が新たな茶道具や草庵の茶室を提唱して、侘び茶を完成させ、現在の日本の文化としての茶道の礎を築いたということが定説になっています。

「茶の湯」とは、畳を敷きつめた小座敷に人々が集まり、そこに用意された釜や茶道具を使って、目の前で点《た》てられる茶を飲むことを中心とした寄り合いの形式をいいます。

その寄り合いの目的は、禅による精神修養であったり、政治や商売の相談であったり、茶道具や床の間の飾り物の鑑賞であったり、あるいは料理や酒によるもてなしであったり、後にいう「茶禅一味《ちゃぜんいちみ》」「一座建立《いちざこんりゅう》」「一期一会《いちごいちえ》」「和敬清寂《わけいせいじゃく》」といわれるようなものでした。そしてまた、茶室や露地についても茶の湯の施設として斬新的な造形が展開されて、桃山時代に茶室のかたちがほぼ完成されていました。

吉田兼好の徒然草に、「花は盛りに、月は隈なきをのみ、見るものかは。雨に対ひて月を恋ひ、垂れこめて春のゆくえ知らぬも、なほ、あはれに情深し」があります。花は、真っ盛りに咲いているのだけを、月は、かげりもなく照り輝いているのだけを、見るものであろうか。降っている雨に向かって見えない月を恋い慕い、花が散り、月が西に沈みかけるのを惜しんで慕う気持ちはしみじみとして情趣が深いものだ。

完全円満な美よりも不完全で均整でないものにより深い美を感じる感受性、誰の眼にも美しく映る完全無欠なものに感動するよりも、目に映らないものの奥に秘めた趣深い美しさにこころを寄せる境地は、「侘び」の美意識であり、能にも連歌にも、また茶の湯にも貫道するものです。

珠光は、「月も雲間になきは、いやにて候」という有名な言葉を残しています。これは徒然草に通ずる言葉です。珠光は月にたとえて茶の湯における不足の美を語ったのでしょう。

同じ珠光の「わらやに名馬を繋ぎたるは好」というのが『山上宗二記』[*1]にあります。粗末な藁屋に名馬が繋いであるのが趣深いと珠光がいわれた。これを利休は、名物茶器を書院の立派な広間に飾り立てることよりも、三畳敷や二畳敷の侘びしい小座敷に置いてこそなお一層面白い、と言ったといいます。

豪華なもので埋め尽くすよりも、豪華と質素の道具の取り合わせという対照の美しさのなかにも、侘びの境地があることを察したのかもしれません。

珠光から、その弟子の宗珠や宗悟によって育てられてきた茶の湯の展開を一段と推進したのは、堺で武具商・皮革商を営んでいた富商茶人・武野紹鷗です。

紹鷗は一五〇二年、珠光が他界した年の生まれです。当時貿易港であった堺に外国船で舶来品が持ち込まれました。その唐物のなかから茶器になるものを茶人の目利きで選択し、茶の湯の形式を整える役割を果たしたのが茶人紹鷗でした。

山上宗二[*2]（一五四四～一五九〇）は『山上宗二記』に「鳥井引拙の代までは珠光流の茶の湯であったが、その後、紹鷗がその茶風を悉く改めてしまった。紹鷗は当代の茶の道に堪能の先達であり、中興の祖である」と記しています。

また、今日名物といわれる茶器はほとんどが全部紹鷗の目利きによるものであり、それほど紹鷗の眼力は優れていたとしています。

紹鷗時代の茶の湯は将軍たちが積極的に蒐集した中国から輸入した高価な唐物の茶道具を持ち込んで行う茶会でした。唐物の名品は現在の値段にして一点何億円もする代物でした。紹鷗にはそれを集める財力があり、名物を六〇種も所持していたともいわれています。

その趣味は堺の豪商茶人たちに共通するものでもあり、繁栄を謳歌していた境の「奢侈享楽的な風潮」のなかにいたのが、まさに紹鷗だったのであり、堺の豪商茶人の代表だったのでしょう。

数寄者の条件

『山上宗二記』のなかで、名人と呼ぶべき数寄者の条件として次のように述べています。

「唐物を所持し、目が利き、茶の湯も上手。この三か条が調い、一道に志深い者、これを名人という」また、「茶の湯者であり、数寄者でもある人、これを古今の名人という。珠光ならびに引拙・紹鷗のことである」

唐物のうち、その値段の高下によらず、茶席の床に飾る道具を名物という。当時の名物とは、唐物であることが第一条件でした。

当代の千万におよぶ茶道具は、みな紹鷗の目利きをもって世に紹介されました。紹鷗は当時の偉人であり、茶の湯の指針としつらえの形式を、唐物を絶対基準において統一し、いわゆる「茶の湯」を名実ともに確立した人です。

目利きというのは、名物道具の善し悪しの判断や、その品物が茶器として使用できるかどうか選別する能力をいいます。当時貿易港であった堺の商人が、舶来品のなかから茶器になるものを茶人の目利きで選択することが重要な仕事でした。

珠光と紹鷗と利休の間には、使える道具を鑑識できる鋭い美的審美眼が備わっているのが共通していますが、確かな鑑識眼で高価な唐物による茶の湯を完成させた人が紹鷗だといわれています。目利きの人、作意ある人、これが真の茶湯者の最も重要な資格でした。

珠光や引拙や紹鷗や利休が取り上げた道具が善き道具だと、当時の茶湯者は認めたのです。茶湯者とは、道具の良し悪しを見分けることに能力があって、茶の湯の趣向も上手で、茶の宗匠をしながら世間を渡っている人をいいます。唐物名物の全盛の時代において、その茶人の最高の地位にあったのが紹鷗でした。

また宗二は、次のようにもいっています。「茶の湯の道具についてはいうに及ばず。見る価値のある道具については、其の良し悪しの判断ができ、人の誂えたものをすなおに受け入れ茶の湯の道具として好むことが第一である。ただ、目利きとして嫌うことは、名品に似た物ばかりを好むような目利きはよい目利きとはいえない」

目利きとは茶道具ばかりでなく、どのようなものであっても良し悪しの価値を見分ける目を持つことであるという。名の知れぬ人がつくったものでも、その価値を判断し十分に使いこなす力量が第一だというのである。ただし、模倣的な目利きや独創性の乏しい目利きは真の目利きでなく、茶人として劣る行為だといっています。

そして唐物を所持する者は四畳半の茶室をもつことができる四畳半茶室には、書院台子に棚物を持ち込んで点前ができるから一人前の茶人として通用するのです。

唐物所持なき者は三畳とか二畳という侘び茶室で我慢するという差別がありました。したがって諸大名をはじめ堺はもちろん京、奈良の衆も競って唐物所持をこころがけました。それだけ境の貿易はにぎわったのでしょう。紹鷗や利休の茶の湯が盛んな時代に、豪商たちが行っていた本数寄と唐物の名物をまったく持たない侘数寄の茶が併存していました。

本数寄と侘数寄は、単に名物を所持しているかいないかばかりでなく、点前から振る舞いの仕方まで区別されていました。

本数寄とは、高価な名物をいくつか必ず持たなければならないので、それに要する莫大な費用がかかります。したがってどんな階層の人でもそれを行うわけにはいかないもので、立派な茶室に入手した名物道具を飾り立て、武家の宴会料理である本膳料理のような食事と大酒を出し、武家を含めた商売相手をもてなす豪商たちの実利的で社交性の強い茶でした。

侘数寄とは、唐物などお金のかかる道具を一物も持たない財力の乏しい庶民の茶で、茶室が四畳半より狭いこともあり、飾る道具もなかったので運び点前をし、料理も一汁三菜まででした。また、茶壺がなければ、濃茶ができないばかりか、肩身がせまく人を招待することもできないほどの差別がありました。

利休の侘び茶

名物を持てない手元不如意の侘数寄者に適応できる茶の湯を提唱したのが利休でした。貧富の差や身分格差の激しい社会にあっても、茶の湯の世界にあっては、身分を超越して平等でなくてはならないという思想のもとに、茶の湯の改革を次々と行っていきました。

この思想は、天正一五年一〇月に秀吉の開いた「北野大茶湯」で秀吉の支持を得ていたことを伺い知ることができます。北野大茶湯は、名物道具をならべる本数寄者の茶と、道具を持たない侘数寄者の茶とを同格に扱ったものであり、侘数寄のその席をいくつか回った秀吉は、朱色の大傘を立てかけた侘数寄の席を特に気にいったと伝えられています。

紹鷗時代の道具中心の茶の湯から、人間中心、主人の創意力量に重きを置く茶の世に移行したことの表れであります。

利休が目指すのは、茶室のなかに調和の世界を建立することでありました。調和をつくり出すということは、かならずしも名物道具のよさを否定するという意味ではなくて、名物道具のみに依存する美しさを否定し、茶の湯における新しい美の発見や芸術の表現でした。その最高の理念とした美は、いうまでもなく「侘び」でした。

南方録[*3]に紹鷗と利休の侘びの違いを述べています。

紹鷗の侘びは、藤原定家の歌にあります。

「見わたせば花も紅葉もなかりけりの浦のとまやの秋の夕ぐれ」

花紅葉は、すなわち書院台子の豪華で贅沢な茶のたとえです。その花や紅葉をつくづくとながめつくしたところに無一物の心境、浦の苫屋の侘びの世界が見えてくる。花や紅葉の世界を知らない人にははじめから苫屋に住むことはできない。そうしたものを見つくしてこそ苫屋の寂びきった境地のすばらしさを見出すことができる。これが本当の侘び心だと紹鷗はいわれたのである。

利休は、定家の歌に加えて得心すべきものとして藤原家隆の歌を挙げています。

「花をのみ待らん人に山ざとの雪間の草の春を見せばや」

世のなかの人々は山や森に花がいつ咲くだろうと探し求めていて、真の花や紅葉が自分のこころのなかにあることを知らない。ただ目に見える色ばかりを楽しんでいる。利休は、咲いた花を美しいととらえるこころに加えて、雪のなかから頭をのぞかせる新芽に春を感じられるこころを持てば、さらに美しいと感じられる世界が広がっていくと指摘しています。

紹鷗は唐物や名物尽くしの茶の果てに、無一物の侘び茶が開けてくるとしましたが、利休はそれに不満でした。紹鷗のいう通りなら、大金持ちでなければ侘び茶へ到達できないことになってしまいます。

そこで利休はいいます。


「花紅葉も我心にある事をしらず」（南方録覚書三三）。


歴史学者熊倉功夫教授は著作『南方録』で次のように述べています。

「花紅葉にたとえられる世界、すなわち形ある目に見える世界を超えることがわび茶なのですから、実際の名物を持っているかどうかが問題ではない。真の花紅葉は、自分の心の中にあると断じました。これは素晴らしい思想です。その上で、偉大な自然の前に、己の微小なる存在を認識できる謙虚な心をもって、わびとしています。これは『南方録』においてはじめて到達したわびの思想です」

利休の茶室は自然な状態を良とし、素材自体の美を活かす発想は、その後の茶室や数寄屋造りの理念ともなりましたが、たんなる粗末な田舎屋のつくりで、世捨人の、隠者の世から離れた消極的な生活者のものではなく、それは豪華な書院に劣らぬものであり、新しい美を創造する、積極的な生活者のものでありました。

それは、彫刻・絵画・工芸によって、建築美の最高を求めようとした書院造りと、その美の究極を求めるこころにおいてまったく一致したものであり、またこのゆえに、桃山時代において茶の湯が高尚な芸道として全盛をきわめたことが理解されるのです。「茶の湯で求められる美というものは茶席や道具や所作の世界に留まるものではなく、普遍的な価値をもっている」とする利休の茶の湯の美を追究する精神は、すべての芸術にまでおよび特に茶室という囲いを超えて住宅や別荘、あるいは料亭や旅館にまで茶室建築の手法で建てられる建物、いわゆる今日の数寄屋に大きな影響を及ぼしています。

利休は建築家として、茶室の普請においても画期的な変革を行いました。その改革の精神が数寄屋の原点であると私は思っています。

千利休が没し、その弟子の古田織部の時代はまだ戦国時代でした。その荒波のなかで利休も織部も切腹という不遇の死をとげました。しかし織部の弟子の小堀遠州や利休の孫の千旦の時代になると世のなかはようやく安定し平和な時代が来ました。

豪快な織部茶碗のデフォルメは姿を消し、優美でバランスのよい遠州の奇麗数奇が世を風靡します。さらのその五〇年後、元禄の時代には都市が繁栄し、武士も町人も新しい遊芸を楽しむ時代が来ました。茶の湯を遊びとして楽しむ人々がたくさん現れたその状況を「世間にてはかへって茶の繁盛」といったのです。

桃山文化の茶の湯

戦国動乱期における天下取りの三人男とは、織田信長、豊臣秀吉、徳川家康の三人のことでしょう。

「織田がつき　羽柴がこねし天下餅　坐して食らふは徳の川」

江戸の狂歌にあるように、信長と秀吉は、真の意味での近世の創業者といえます。織田豊臣時代、略して織豊時代とは、織田信長が全国的統一政権の樹立に先駆し、ついで豊臣秀吉がこれを受けて全国統一を完成し、統一政権を確立した時代のことをいいます。日本文化史上の呼称では、安土桃山時代とよばれる時代です。

安土桃山時代の時代区分については諸説がありますが、室町幕府第一五代（最後の将軍）足利義昭が織田信長によって将軍の地位から追放され、室町幕府が名実ともに滅亡した天正元年（一五七三）から、豊臣秀吉の死後に徳川家康が征夷大将軍に任命され江戸幕府の成立した慶長八年（一六〇三）までが通説とされています。

安土桃山時代の名称は、安土時代は信長が琵琶湖畔に築いた安土城、桃山時代は秀吉が晩年に伏見の地に建てた伏見桃山城を、それぞれ文化の象徴とみなしてつけた時代的呼称です。安土桃山時代はこの僅か三〇年という短い時代ですが、歴史上重要な意義を持っているとても特異な一区分の時代です。

それは、下剋上により幕藩体制が統一されたという重大な意義をもつ時代であります。また、豪華・絢爛・壮麗といわれる桃山文化を生み出し、足利義政の幽玄・枯淡・閑寂といわれた東山文化とともに、日本文化史上で最も重要な歴史に残る日本独自の新しい文化、特に、「茶の湯」と「数寄屋」を生み出した時代でもあるのです。

公家や武家社会による定型で格式を重んずる豪華な書院造りの住宅様式のなかにあって、静かな、落ち着いた雰囲気を持つ草庵茶室の新しい建築様式の出現、その内で行われる茶の湯は、変転常なき動乱の世のなかにある人々にとって、最大の慰安となるべきものであり、欠くことのできない新しい文化でありました。


戦国の大名、殊に信長や秀吉は茶の湯に非常に熱心でした。

それは、茶の湯の精神というものが、明日をもしれぬ命で生きていた彼らにとって、刀を持って入ることが許されない茶室は唯一命の心配をせず、こころが安らぎ落ち着ける場所であったからでしょう。

常に神経を張り詰め、極度の緊張のなかで生きていた戦国武将たちがどれほど切実に気分転換を必要としていたか、簡単な茶室に座って、茶の湯のたぎる音を耳にして、静かに一服点てることが、自分自身のこころと向き合う貴重なひと時だったことは想像に難くありません。

御茶湯御政道

足利義政旧蔵品の「東山御物」が幕府の経済を支えるために方々に散逸し、京都・堺の豪商を中心に経済的に高価なものとして蒐集され、やがてそれは各地の戦国大名によって競って蒐集されるようになります。そしてその後、織田信長のもとに集められていきます。

戦国武将にとって、茶道具は高価な美術品であると同時に、所有していることが権力の象徴になる、大切なステータスシンボルでした。

宣教師ルイス・フロイス[*4]（一五三二〜一五九七）はその著『日本史』に、

「茶の湯の道具は、ちょうど我々の場合の宝石のような価格と価値と高い評価を持っている。最良のもの、最も有名なものの大部分を彼が所有していた。それというのも、あるものは人々が進物として彼に贈り、或るものは彼が多くの金銀を出して買ったからである」

と、信長が名物茶器の最大、最良のコレクターとなったと書いています。

『信長公記』に永禄一一年（一五六八）、「松永久秀は、我が国に二つとない茶入『九十九髪』を信長に献上し、今井宗久は、これまた有名な大名物の茶壺『松島』および竹野紹鷗旧蔵の茶入『茄子』を献上した」と記してあります。

松永久秀というと、足利一三代将軍義輝を暗殺した張本人で、中央政界における下剋上の代表的人物にみなされていますが、武野紹鷗門下の数寄大名であり、「九十九《つくも》髪茄子《かみなす》」茶入、「平蜘蛛《ひらぐも》」釜などという名物茶器を秘蔵していました。

永禄一二年に信長は、金・銀・米銭に不足することはなかったので、この上は中国渡来の茶入をはじめとして、天下の茶道具の名物を手許に置こうと考えて、次の品々（「初花」「富士茄子」など）を差し出すように命じたのです。松井友閑および丹羽長秀が使者となり、金銀・米を下げ渡して右の品々を召し上げました。

また、元亀元年（一五七〇）「堺の茶人たちが所持している道具（津田宗及所持の「菓子の絵」、薬師院所蔵の茶壺「小松島」など）を、これらはどれも名品の誉れ高いものである。これを信長の手元に置きたいと、松井友閑および丹羽長秀を使者として先方に伝えました。信長の意向に背くことはできないので、何もいわずに献上しました。信長は、その代価として金銀を下げ渡した」と『信長公記』に記してあります。信長はこのように、家臣の松井友閑（大名茶の湯の熟練者で堺代官として堺衆とものつながりが深い）などに命じて、茶道具名物を徹底的に買い集めます。

イエズス会士ジョアン・ロドリゲス[*5]（一五六一もしくは一五六二～一六三三）は『日本教会史』のなかで堺の都市について次のように述べています。

「数奇と呼ばれるこの新しい茶の湯の様式は、有名で富裕な堺の都市に始まった。その都市は日本最大の市場で、最も商取引の盛んな土地であり、きわめて強力なので、以前には、信長及び太閤までの時代には、日本の宮都と同じように、長年の間、外部からの支配を認めない国家のように統治されていて、そこにはすこぶる富裕で生活に不自由しない市民やきわめて高貴な人たちが住んでいる。

彼らは相次ぐ戦乱のために各地からそこに避難して来ていた。その都市で資産を有しているものは、大がかりに茶の湯に傾倒していた。また日本国中はもとより、さらに国外にまで及んでいた商取引によって、東山殿のものは別として、その都市には茶の湯の最高の道具があった。

また、この地にあった茶の湯が市民の間で引き続いて行われていたので、そこには芸道に最もすぐれた人々が出た。その人たちは、茶の湯のあまり重要でない点をいくらか改めて、現行行われている数寄を整備していった」

信長は上洛後、名物茶器の蒐集に没頭し、蒐集したこれらの名物道具を用いて茶の湯三昧に耽ったので部下の武士もこれにならい、利休以下の堺衆茶の湯を学ぶものが年ごとに増加し、豪華な茶事も流行していきました。

信長は、これを単なる骨董品として秘蔵するに止めず、彼の配下の武将、または大名で、彼に忠勤に励み、戦功の著しかった者には、褒美と称して、彼の蒐集した名物茶器を惜しみなく賞与しました。

しかし、家臣が武事を疎かにして茶の湯に耽ることを禁止し、戦功の著しい者に対しては、茶会を催すことを許可したのです。これを茶の湯免許といいました。

武士の本分である武道をなおざりにして、茶の世に耽ることを信長が警戒したからです。信長は政道の一端として、茶の湯の持つ平和秩序を重んじました。そのため、将来、諸国の大名に封ぜられる筈の配下の武将たちに茶の湯を許可し、奨励し、野卑粗放な彼らに礼儀作法を習わせ、その品性を向上させようと考えました。戦功があり、大名の資格のある武将に、名物茶器を下賜し、茶会を開くことを許可したのです。

後に秀吉が「御茶湯御政道」と名付けたこの仕組みが、茶の湯と政治が分かちがたく結びついたきっかけになりました。

秀吉は信長がたおれた後、安土城の信長の邸宅に飾られていた信長遺愛の『松花の大壺』を床に飾って茶会を開いたことは、秀吉は全国統一の事業においてだけでなく、茶の世界でも信長の後継者であることを宣言し、彼が茶の世界でも信長の後継者であることを宣言したものでした。

亡君信長に代わって中央政権を掌握してからの秀吉は、いよいよ、茶の湯政道の方針をつらぬき、かつ、数寄者としての面目を遺憾なく発揮していきます。

秀吉の地位の確立とともに、本能寺の変や安土城の戦火を免れた信長秘蔵の名器は、初花肩衝《はつはなかたつき》をはじめその大部分が秀吉の手に移っていきました。

こうして秀吉の茶の湯の執心は、覇者としての地位の確立につれ、出自の卑賤と教養の乏しさを粉飾し、その権勢と富力とを誇示し、かつ文化的なものに触れたいという心情から、この劣等感を払拭するために、大村由己らの学識経験者をお伽衆として耳学問をし、細川幽斎・里村紹巴らの指南を受けて和歌・連歌を学び、能楽をたしなみ、とりわけ異国情緒豊かで文化性の高い茶の湯に熱中したのです。

秀吉が茶の湯を特に好んだ理由として、政治的密談がしやすかったこと、プライベートな狭い空間に客を招き、自ら茶を点ててふるまうことによって親近感をもたせられたこと、室町将軍家や信長の所持した道具を所有し、それを見せることで政治権力の継承者であることを示させたこと、などがあげられています。

茶道の文化史上、信長は茶の湯を一般武士の生活に移し植え、茶道として一般庶民の生活に移し始めたのが秀吉でした。

武士の知らぬは恥ぞ　馬と茶の湯

茶の湯は高い文化的教養を持つ公家衆にとっても、新鮮で大きな魅力であったでしょう。特に当時の文化的教養を持たない武家人にとって、格式的なものを必要としない新しい芸術や教養は、文化人になるための必要不可欠なものであったから、それに対する対応は目覚ましく、一個の茶碗と一国の領土と取りかえても悔やまぬほど、当時の武人のこころを捉えたものでした。

当時の武人にとって茶の湯が共通の「教養」であり、「ステータスシンボル」だったのです。茶の湯の作法に通じ、茶道具の目利きができることは、富と権力をもつ一流の武人である証でもありました。茶室は社交の場、密談の場としても機能していたから、茶室での語らいが、戦略や政策に直結することもあったでしょう。

細川幽斎の文芸に関する教訓和歌として、次のような道歌が残されています。

「武士の知らぬは恥ぞ　馬　茶の湯　はぢより他に恥はなきもの」

「歌連歌乱舞　茶の湯を嫌う人　そだちのほどを知られこそすれ」


茶の湯が、インテリ武将が嗜む教養の一つであったことを窺える歌です。

幽斎のこの歌は、武士として必要欠くことのできない武芸の一つとして馬術と並べて、茶の湯の必要を説いています。彼が武士の精神鍛錬に当たって、いかに茶の湯を重く考えていたかを窺い知ることができます。

当時、多くの武将が茶会を催しました。それには、交際上または外見を飾るためというようなことも多かったに相違ないが、そういう武人のなかには、武士本来の務めや武芸の練磨を忘れて、茶の湯の楽しみに耽る者が出てきます。馬術に堪能で武士の本分を忘れず、しかも茶の湯の精神を体得せよ、と幽斎は教えているのでしょう。

細川藤孝こと幽斎は一五三四年生まれで、いみじくも信長と同じ生まれ年です。足利義輝・足利義昭の二人の室町将軍を支え、信長・秀吉・家康の三人の天下人からも信任されていました。

幽斎は、中世から近世への動乱のなか当代最高の武家文化人で、異色のインテリ大名でした。信長を武の代表とすれば、幽斎は文の筆頭ということができます。

細川幽斎は、桂離宮を創設した智仁親王の若年からの歌道の師でもあり、死ぬまで長く歌道の指南をしていました。智仁親王にとっては大恩人でありました。

幽斎の長男、忠興（三斎）は言わずと知れたキリシタン女性の細川ガラシャの夫であり、侘び茶の大成者千利休の七哲の一人に数えられています。

作家三浦綾子（一九二二〜一九九九）の小説『細川ガラシャ夫人』に次のような文があります。

「お玉さま。細川の小父様はおやさしいお方でござります。佳代は、見知らぬ土地に遠く嫁ぐ玉子を、いたわるようにいった。細川の小父様とは忠興の父藤孝のことである。いうまでもなく玉子にとって舅となる人である。藤孝は、弓道、馬術にかけては当代右に出ずる者がない。武術ばかりか、笛、太鼓、乱舞も名人、和歌は無論のこと、書も絵も、そして刀の目ききにも傑出していることは、玉子も父母から聞いていた」

玉子（ガラシャ夫人）とは明智光秀の娘で、父光秀の主君織田信長の命を受けて幽斎の長男、細川忠興（三斎）と結婚しました。婚礼は天正六年（一五七八）細川家の本城青龍寺城で行われました。ガラシャと忠興は二人とも数え一六歳でした。

天正一〇年（一五八二）にガラシャの父光秀が本能寺の変で謀反を起こし信長を亡き者にしたことで、ガラシャは二〇歳の時、主君を殺した謀叛人の娘という烙印を押され、彼らの生活は一変します。

明智光秀は、自分の娘が嫁いだ細川家は自分に従うものと考えていました。しかし、忠興の父藤孝は光秀の要請を断り、髪を剃り、名を幽斎と改め隠居し家督を忠興に譲ってしまいます。忠興はガラシャを、味土野《みどの》（現京都府京丹後市）という山深い場所に幽閉します。

約二年後に秀吉は、ガラシャを大阪の細川屋敷に迎えることを許可します。

慶長三年（一五九八）秀吉の死後の政権争いは、慶長五年（一六〇〇）「関ヶ原の戦い」へと発展します。この際に、石田三成は細川屋敷にいたガラシャを人質に取ろうとしますが、ガラシャはそれを拒絶し、人生の終わりを遂げました。

ガラシャは織田信長の命令で一六歳の時に結婚し、実父の明智光秀は信長を殺害し、豊臣秀吉が実父を殺害し、徳川家康の政権争いのなかで三八歳の時に人生の幕を下ろします。

つまり、三人の天下人に翻弄される波乱万丈の短い人生を送ったのでした。

戦国時代は幕を閉じ、慶長八年（一六〇三）、徳川家康は征夷大将軍に任命され、江戸幕府（徳川幕府）を開き、新しい時代が始まったのでした。

戦国時代は室町幕府の八代将軍足利義政時代の応仁の乱（一四六七～一四七八年）に始まり、一五代将軍足利義昭を奉じた織田信長の上洛（一五七八年）で終わるという説が一般的ですが、戦国時代の終わりは、豊臣秀吉の天下統一（一五九〇年）という説もあります。信長が平定したのが京都を中心とする近畿周辺に過ぎないので、戦国大名が目指したものを全国統一と定義すれば、秀吉の東国平定をもって戦国時代の終了とすべきであると、國學院大學文学部の矢部健太郎教授は主張されております（『ゼロから学んでおきたい戦国時代』）。また、戦国の終了は元和偃武《げんなえんぶ》という説もあります。元和偃武とは慶長二〇年（一六一五年）の大阪夏の陣で豊臣家が滅亡し、「元和」と改元されたことで、徳川幕府による偃武が実現したこと指しています。偃武とは武器を偃《ふ》せて（伏せて）使わないことで、戦争が終わり泰平の世となることをいいます。徳川家康は一六一六年に没しています。

一五〇年続いた戦国乱世の時代の後、江戸時代の戦争のない泰平な二六〇年の時代が続きました。

名物「初花肩衝」の旅ものがたり

戦国時代に戦国武将たちに愛され、もて囃され、乱世のなかで生き続け、現在も生きている茶器があります。

「初花肩衝」は新田、楢柴と並んで天下の三肩衝と称される名茶入です。中国南部、福建地方でつくられた褐色釉小壺です。もとは楊貴妃の香辛料の入れ物であったとも伝えられていますが定かではありません。一四世紀頃に日本に入り、抹茶を入れる茶入としての用を見出し、しだいに賞玩の対象となりました。

この唐物大名物の茶入・初花肩衝は、室町将軍足利義政秘蔵の「東山御物」[*6]でした。信長・秀吉・家康という天下人の所有するところとなり、「柳営御物」[*7]として三〇〇年もの間幕府の権威を誇示することになります。現在は国の重要文化財に指定され、東京の徳川記念財団に保管されています。

日本史学者、米原正義氏（一九二三～二〇一一）の著『戦国武将と茶の湯』のなかに「初花」の長い漂泊の旅について詳しく書かれています。その記述に基づいて初花の旅を追ってみたいと思います。

「足利義政」から、村田珠光の門人「鳥井引拙」の所持になり、京都の富豪大文字屋「疋田宗観」を経て、永禄一二年に「織田信長」に進上された。

天正五年（一五七七）一二月に信長は、初花その他の名物すべて一二種を、家督相続の印として長男「織田信忠」に譲りました。明けて六年正月に信長は、初花で茶会を開き諸大名に披露するよう信忠に命じました。そこで信忠は初花を飾って茶会を催しました。滝川一益・丹羽長秀・羽柴秀吉ら、織田家臣団中の第一線級の武将の姿が見えます。天下の名物を所持するものこそ、信長の後継者であることを暗示した茶会で、明らかに諸大名に名器を誇示するものであり、初花肩衝は権威の象徴でありました。

天正一〇年（一五八二）六月二日の本能寺の変により流出。一三日山崎合戦、信長・信忠から明智光秀、秀吉へと移行のなかで、初花は突如として三河国に姿を現します。三河長沢松平家の支族・「松平念誓」の手中にあったのです。この名器を「徳川家康」に献上しました。天正一一年三月のことで、念誓は、蔵役、酒役その他一切の諸役を免除されました。

こうして初花は家康が入手しましたが、家康は五月に賤ヶ岳の戦いで柴田勝家を破った戦勝祝いに「羽柴秀吉」に贈りました。

秀吉の秘蔵となった初花は、七月二日昼、落成記念ともいえる大阪城における最初の茶会に使用され、ついで九月一六日の道具揃え、つまり名物展覧会にも出品されました。

かって信長は馬揃えを挙行し、その軍事力を示したが、いま秀吉は名物の品評会を開き、その権威を誇るのです。

秀吉の没後、五大老の一人「宇喜多秀家」が遺物としてもらったが、関ヶ原の合戦に敗北した結果、「徳川家康」の手に還りました。東軍の総師家康に敵対した西軍の中心人物の一人宇喜多秀家が、死を免れて八丈島に流されたのは、初花献上のおかげであったかもしれない。とすれば初花は武将の生命を救ったことになります。(宇喜多秀家は元服した際、秀吉より、「秀」の字を与えられ、秀家と名乗り、秀吉の寵愛を受けてその養子となります。秀家の正妻は秀吉の養女［前田利家の娘］の豪姫です)

元和元年(一六一五)五月に家康は、大阪夏の陣で豊臣氏を滅ぼしました。この戦いで「天下第一、古今無双」の手柄を立てた越前の「松平忠直」(家康の二男秀康の子)に恩賞として与えられました。

忠直の長男光長の養嗣子・長矩が美作国津山藩の初代藩主になると、元禄一一年一二月にその御礼として、五代将軍「徳川家綱」に進上しました(その代金四万両)。

かくして、初花は「柳営御物」となりました。

こうして「初花肩衝」は徳川のものとなり、その長い漂泊の旅を終えたのです。

人命は果敢なくも文化は永遠です。古今東西、茶道具の履歴や、武将と名器の関係を語って尽きることはありません。

＊1　山上宗二記

山上宗二が浪々の間に書き残した山上宗二記は、茶の湯の歴史、各種名物道具の由緒、茶の湯者の要件、茶人伝、あるいは紹鷗、利休についての記述を含み、千利休とその時代の茶の湯について信頼できる最高の史料として高く評価されている。一六世紀までさかのぼる茶の湯の秘伝書はいくつか知られているが、その著者の素性と成立念がはっきりしたものとしては『山上宗二記』が最初のものであるといってよい。しかも、利休の弟子で堺の商人、秀吉にも仕えた宗二は、当時の茶の湯の中心にいた人物だった、その宗二が弟子に伝えた茶の湯の歴史、名物の茶道具、そして多くの覚書は、まさに利休によって茶の湯が大成されつつある時代の茶の湯のすがたを伝える貴重な証言といえよう。（神津朝夫）

＊2　山上宗二

利休の高弟。利休に二十余年師事する、のち秀吉の茶頭となるが、生来の自分の意志を曲げず協調性に乏しい性情により秀吉に逆らい、不興を買って浪人となる。その後、小田原城主北条氏に身を寄せる。秀吉の小田原攻めの際、利休のとりなしで秀吉の小田原陣に参向したが、そこでもまた直言して怒りを買い、耳鼻そがれたうえ、殺された。享年四七。名物記および利休の茶の湯の書とし名高い『山上宗二記』を編述した。

＊3　**南方録**

千利休の茶の湯を伝える最も重要な秘伝書の一つで、著者は南坊宗啓とされるが、本人の実在が確認できず、「南方録」原本の発見者と称する立花実山によって編集・成立したものともいわれている。南方録の主張は茶湯の本質を草庵小座敷の侘茶に求め、仏道修行と一致する修行性と禁欲的な粗相の美意識を茶の根本に置こうとした点にある。しかし、こうした草庵小座敷の茶に対立する概念として唐物などの名物を中心とする書院台子の茶が説かれ、両者の総合的な把握の上に利休の茶が誕生したとする。南方録の記述をそのまま史実と認めることはできないが、侘茶の理念を最も純化し理論化した書物として、また豊富な利休挿話集として、現代における茶の古典の第一と考えられている。（熊倉功夫）

＊4　**ルイス・フロイス**

永禄五年（一五六二）に来日したポルトガル人イエズス会宣教師。信長・秀吉の知遇を得た。戦国時代研究の貴重な資料となる『日本史』を記したことで有名。

＊5　ジョアン・ロドリゲス

ポルトガル人のイエズス会宣教師。少年のうちに日本に来て五六年の歳月を日本とシナで過ごす。家康にも秀吉にも起用されて、絹貿易に深く関与する。当時の在日ヨーロッパ人のなかで、長崎はもとより全国に彼ほど影響を及ぼしたものはいなかった。(『通辞ロドリゲス―南蛮の冒険者と大航海時代の日本・中国』マイケル・クーパー著　松本たま訳)

＊6　東山御物（ひがしやまごもつ）

室町幕府八代将軍足利義政の所蔵品をさしていう。

＊7　柳営御物（りゅうえいごもつ）

徳川家伝来の名物茶道具をさしていう。

【参考文献一覧】

浅田次郎『母の待つ里』新潮社　二〇二二年
アレックス・カー『犬と鬼』講談社　二〇〇二年
アントニン・レーモンド　三沢浩訳『私と日本建築』鹿島出版会　一九六七年
石田英一郎『日本文化論』筑摩書房　一九六九年
磯崎新、他『住宅の射程』ＴＯＴＯ出版　二〇〇六年
磯村英一『住まいの社会学20の章』毎日新聞社　一九八四年
伊藤ていじ『日本デザイン論』鹿島研究所出版会　一九六六年
伊藤ていじ・二川幸夫『現代の数寄屋』淡交社　一九七一年
伊東豊雄・中沢新一『建築の大転換』筑摩書房　二〇一二年
今里　隆『屋根の日本建築』ＮＨＫ出版　二〇一四年
上田　篤『日本人の心と建築の歴史』鹿島出版会　二〇〇六年

内井昭蔵『健康な建築』彰国社　一九八五年
内田　繁『茶室とインテリア』工作舎　二〇〇五年
内田　樹『ローカリズム宣言』デコ　二〇一八年
浦島　勇『今日の数寄屋造り』井上書院　一九七〇年
大岡敏昭『日本の風土文化とすまい』相模書房　一九九九年
太田博太郎『日本建築の特質』岩波書店　一九八三年
太田博太郎『日本住宅史の研究』岩波書店　一九八四年
太田博太郎『千利休（日本の美術）』毎日ライブラリー　毎日新聞社
大野　晋『日本語の年輪』新潮社　一九六六年
大橋良介『日本的なもの、ヨーロッパ的なもの』講談社　二〇〇九年。
奥野健勇『〝間〟の構造』集英社　一九八三年
川端康成『美しい日本の私』講談社現代新書　一九六九年
川端康成『古都』新潮社　一九六二年
笠井一子『和風ルネサンス』未知谷　二〇一二年
笠井一子『京の大工棟梁と七人の職人衆』河出書房新社　二〇二〇年

笠井昌昭『日本の文化』ぺりかん社　一九九七年
樫野紀元『快適すまいの感性学』彰国社　一九九六年
数江教一『わび』塙書房　一九七三年
神谷美恵子『ハリール・ジブラーンの詩』角川文庫　二〇〇三年
カール・ベンクス『古民家の四季』新潟日報事業社　二〇一〇年
北大路魯山人『魯山人の料理天国』文化出版局　一九八〇年
北大路魯山人『魯山人の真髄』河出書房新社　二〇一五〇年
北村美術館編集『京・数寄屋と茶室』講談社　一九八二年
九鬼周造『「いき」の構造』岩波文庫　一九七九年
熊倉功夫『現代語訳南方録』中央公論新社　二〇〇九年
熊倉功夫『和食とは何か』思文閣出版　二〇一五年
栗田　勇『雪月花の心』祥伝社新書　二〇〇八年
栗田　勇『日本文化のキーワード』祥伝社新書　二〇一〇年
桑田忠親『桑田忠親著作集』秋田書店　一九五二年
神代雄一郎『間（ま）・日本建築の意匠』鹿島出版　一九九九五年

神津朝夫『千利休「わび」とはなにか』角川学芸出版　二〇〇五年
神津朝夫『山上宗二記』角川学芸出版　二〇〇七年
境野勝悟『利休と芭蕉』致知出版社　一九九五年
境野勝悟『「源氏物語」に学ぶ人間学』致知出版社　二〇一八年
坂本　功『木造建築を見直す』岩波新書　二〇〇〇年
佐道　健『木を学ぶ木に学ぶ』海青社　一九九〇年
篠田桃紅『墨いろ』ＰＨＰ　二〇一六年
篠田桃紅『朱泥抄』ＰＨＰ　二〇二一年
ジョン・ラスキン　杉山真紀子訳『建築の七燈』鹿島出版会　一九九七年
清水　一『すまいと風土』井上書院　一九七〇年
鈴木成文『五一Ｃ白書』住まいの図書館出版局　二〇〇六年
鈴木成文『住まいの計画・住まいの文化』彰国社　一九八八年
鈴木成文『住まいを読む』建築資料研究社　一九九九年
鈴木宣弘『食の戦争』文春新書　二〇一三年
鈴木宣弘『農業消滅』平凡社新書　二〇二一年

鈴木宣弘『食料・農業の深層と針路』創森社　二〇二一年
鈴木紀慶『日本の住文化再考』鹿島出版会　二〇一三年
高階秀爾『日本人にとって美しさとは何か』筑摩書房　二〇一五年
竹本千鶴『織豊期の茶会と政治』思文閣出版　二〇〇六年
立木智子『岡倉天心「茶の本」鑑賞』淡交社　一九九八年
立花大亀『利休に帰れ』主婦の友社　一九八三年
田中淳夫『絶望の林業』新泉社　二〇一九年
谷崎潤一郎『陰翳礼讃』中公文庫　一九七五年
谷端昭夫『茶話指月集・江岑夏書』淡交社　二〇一一年
田原総一朗『90歳まで働く』クロスメディア・パブリッシング　二〇二〇年
東京藝術大学大学美術館『渡辺省亭』小学館　二〇二〇年
ドナルド・キーン　金関寿夫訳『日本人の美意識』中公文庫　一九九九年
ドナルド・キーン『著作集』新潮社　二〇一一年
ドナルド・リチー『小津安二郎の美学』フィルムアート社　一九七八年
芳賀幸四郎『千利休』吉川弘文館　一九六三年

芳賀幸四郎『わび茶の研究』淡交社　一九七八年
芳賀　綏『日本人らしさの構造』大修館書店　二〇〇四年
長谷川櫂『古池に蛙は飛び込んだか』花神社　二〇〇五年
長谷川櫂『和の思想』中公新書　二〇〇九年
浜口ミホ『日本住宅の封建性』相模書房　一九五〇年
浜野保樹『小津安二郎』岩波書店　一九九三年
林　知行『ここまで変わった木材・木造建築』丸善ライブラリー　二〇〇三年
原田多加司『古建築の修復に生きる』吉川弘文館　二〇〇五年
平野十三春『数寄屋住宅礼讃』エクスナレッジ　二〇一三年
平野雅章『魯山人「道楽」の極意』五月書房　一九九六年
平山洋介『住宅政策のどこが問題か』光文社新書　二〇〇九年
平山洋介『マイホームの彼方に』筑摩書房　二〇二〇年
平山洋介『「仮住まい」と戦後日本』青土社　二〇二〇年
広井良典『人口減少社会のデザイン』東洋経済　二〇一九年
藤森照信『茶室学』六耀社　二〇一二年

船瀬俊介『日本の家はなぜ25年しかもたないのか?』彩流社　二〇一二年
ブルーノ・タウト　篠田英雄訳『忘れられた日本』中公文庫　二〇〇七年
ヘンリー・S・ストーク&加瀬英明『英国人記者が見た世界に比類なき日本文化』祥伝社新書　二〇一六年
ヘンリー・S・ストーク『英国人記者だからわかった日本が世界から尊敬されている本当の理由』SBクリエイティブ　二〇一九年
保坂幸博『日本の自然崇拝』新評論　二〇〇三年
堀口捨己『草庭』筑摩書房　一九六八年
堀口捨己『利休の茶室』鹿島研究所出版会　一九六八年
牧野知弘『マイホーム価値革命』NHK出版新書　二〇一七年
牧野知弘『2020年マンション大崩壊』文春新書　二〇一五年
三井秀樹『かたちの日本美』日本放送協会　二〇〇八年
宮川英二『風土と建築』彰国社　一九七九年
向井一太郎・向井周太郎『ふすま』中公文庫　二〇〇七年
望月信成『わびの芸術』創元社　一九六七年

山極寿一『「サル化」する人間社会』集英社インターナショナル　二〇一四年
山田昌弘『日本の少子化対策はなぜ失敗したのか？』光文社新書二〇二〇年
安田節子『食べものが劣化する日本』合同出版株式会社　二〇一九年
安田節子『食卓の危機』三和書籍　二〇二〇年
安田武・多田道太郎編『日本の美学』ペリカン社　一九七八年
矢部良明『千利休の創意』角川書店　一九九五年
矢部良明『武野紹鷗』淡交社　二〇〇二年
矢部良明『茶の湯の祖、珠光』角川書店　二〇〇四年
山本理奈『マイホーム神話の生成と臨界』岩波書店　二〇一四年
安井　清『伝統建築と日本人の知恵』草思社　二〇〇七年
養老孟司・隈研吾『日本人はどう住まうべきか』日経ＢＰ社　二〇一二年
吉田桂二『民家に学ぶ家づくり』平凡社新書　二〇〇一年
米原正義『戦国武将と茶の湯』吉川弘文館　二〇一四年
若山　滋『「組み立てる文化」の国』文藝春秋　一九八四年
涌井雅之『いなしの智恵』ベストセラーズ　二〇一四年

渡辺京二『逝きし世の面影』平凡社ライブラリー　二〇〇五年
渡辺誠一『侘びの世界』論創社　二〇〇一年
渡辺光雄『窓を開けなくなった日本人』農山漁村文化協会　二〇〇八年
リンダ・グラットン&アンドリュー・スコット『LIFE SHIFT』東洋経済新報社　二〇一六年

おわりに

有識者の日本に対する熱い思いが綴られた著作をコラム欄で紹介しています。本書はこれらの意見についての考察を主題としています。

また、多くの参考文献における様々な先生方の知識と見識に触発されてこの本を書かせていただきました。このような知見に溢れている書をこれからの住宅を考えるうえで、大いに参考にさせていただきました。また、田原総一朗著『90歳まで働く』やリンダ・グラットン&アンドリュー・スコット著『ＬＩＦＥ ＳＨＩＦＴ』に、大変に勇気づけられました。大変にありがたく、感謝する次第です。

日本の住宅建築において、誰しも憧れる魅力的な住まいは、やっぱり数寄屋でしょう。

長い住宅建築の歴史のなかで日本の精神性と風土性を失わずに、「日本的なもの」「日本らしさ」のすまいとして密かに生き続けている建築に「数寄屋」があります。数寄屋についての研究は私のライフワークでもありますので、本書に加えました。

明日をも知れぬ命で生きていた戦国武将にとって、刀をもって入ることが許されない茶室は唯一命の心配をせず、心安らぎ落ち着ける場所でした。荒ぶれた戦国時代に教養と茶の湯がもてはやされました。そして一五〇年続いた戦国時代の終わりとともに江戸時代の熟成された日本文化が発展し、長い泰平な時代が二五〇年間続きました。一時代の戦乱の後に新しい日本独特の文化の花が開いたのです。

現代はまさに競争社会に明け暮れる戦国の乱世時代の様相を呈しています。明治維新から今日まで、一五〇年間の西洋文明に追従して日本の文化を蔑ろにしている時代が続いています。経済優先の都市集中社会も行き詰まっています。ＩＴ化の発展とコロナ禍により地方経済の再生と一次産業の復活が求められています。歴史は繰り返します。日本古来の文化に根付いた新しい住文化が徐々にきています。不易流行を大事に考えたいと思います。

近代化とグローバル化の激しい経済優先の競争社会のもとに、「今だけ、金だけ、自分だけ」に執着した何ものかに支配されていると感じたら、それによる人生は「長い漂泊の旅」でしかなく、その旅は終わりにしなければならないということに気づくことでしょう。

さしずめ、ふっと気が休まるのは、浅田次郎の『母の待つ里』ではないでしょうか。

「花をのみ待つらん人に山ざとの雪間の草の春を見せばや」　藤原家隆

「逝きし和の住まい」をたどりながら忘れ去られてきた日本の住文化をめぐって、これからの時代に相応しい住まいのつくり方に活かして頂けたら幸いです。

末尾ながら、本書の細かい著述に対して、専門用語には注釈をつけて、本書を読みやすくして下さったり、また親しみやすい一書となるようにカラー写真の説明書きや図版の準備、そして編集して下さったスタッフに深く感謝申し上げます。

著者プロフィール

平野 十三春（ひらの とみはる）

昭和 13 年 3 月 20 日、北海道標茶町生まれ。

日本大学理工学部建築科卒。

日本建築家協会会員、建築家。

一級建築士、マンション管理士、宅地建物取引士の資格を持つ。

主な設計に、ライブタウン綱島、松隠亭、小羊チャイルドセンターなどがある。

茶道は遠州流直門直入会で学ぶ。茶名、宗富。

著書に『数寄屋住宅礼讃』（2013 年、エクスナレッジ）、『数寄屋の住まい』（2023 年、文芸社）がある。

現在、一級建築士事務所㈱創建設計代表、数寄座㈱主宰。

逝きし和の住まい —これからの住まいと住まい方—

2023年 3 月20日　初版第 1 刷発行

著　者　平野 十三春
発行者　瓜谷 綱延
発行所　株式会社文芸社
〒160-0022　東京都新宿区新宿1－10－1
電話　03-5369-3060（代表）
03-5369-2299（販売）

印刷所　図書印刷株式会社

ISBN978-4-286-29072-0　JASRAC 出 2209054－201